Irmela und Lothar Adelt

Grammatikübungsbuch
SCHWEDISCH

BUSKE

Bibliografische Information der Deutschen Nationalbibliothek

Die Deutsche Nationalbibliothek verzeichnet diese Publikation in der Deutschen Nationalbibliografie; detaillierte bibliografische Daten sind im Internet abrufbar über ‹http://dnb.d-nb.de›.

ISBN 978-3-87548-640-7

2., verbesserte Auflage 2012

 Umschlaggestaltung: QART – Büro für Gestaltung, Hamburg. Zeichnung (Seite 96): Thomas Berroth. Druck und Bindung: Printing House MultiPrint ltd., Kostinbrod. Printed in Bulgaria.

Kontaktadresse nach EU-Produktsicherheitsverordnung:
Helmut Buske Verlag GmbH
Richardstraße 47
22081 Hamburg
info@buske.de

Inhaltsverzeichnis

Pronomen

Verben

Präpositionen

Konjunktionen

Numeralia

Satzbau

Vorwort

Das »Grammatikübungsbuch Schwedisch« richtet sich an Anfänger mit ersten Grundkenntnissen sowie an fortgeschrittene Lernende.

Getreu dem Motto Övning ger färdighet! lassen sich mit diesem Buch alle wesentlichen Aspekte der schwedischen Grammatik schnell und gezielt nachschlagen und üben. Dabei können Sie selbst entscheiden, in welcher Reihenfolge und in welchem Lerntempo Sie den Stoff behandeln möchten. Das Buch ist lehrwerkunabhängig, universell einsetzbar und eignet sich als kursbegleitende Übungsgrammatik ebenso wie zum selbstständigen Lernen.

In 43 überschaubaren Abschnitten werden die grundlegenden Themen der schwedischen Grammatik prägnant und verständlich erklärt. Zur Veranschaulichung dienen zahlreiche Tabellen, Übersichten und Beispielsätze mit Übersetzungen. Darüber hinaus werden bei der Darstellung wiederholt kontrastive Aspekte berücksichtigt. Jedes Hauptkapitel schließt mit einer Vielzahl abwechslungsreicher Übungen zur unmittelbaren Anwendung des gelernten Stoffes. Erklärungen und Übungen bilden somit eine zusammenhängende didaktische Einheit, die Ihnen eine intensive Beschäftigung mit dem jeweiligen Grammatikthema erlaubt und Sie mit den wesentlichen Strukturen der schwedischen Sprache vertraut macht. Zur Kontrolle der Übungen dient der Lösungsschlüssel am Ende des Buches. Mit ihm können Sie leicht Ihre Kenntnisse des jeweiligen Grammatikthemas überprüfen und einzelne Punkte, wenn nötig, wiederholen.

Dieses Buch enthält mehr als 1.250 Wörter des modernen schwedischen Grundwortschatzes. Sie sind in dem Vokabelverzeichnis am Ende des Buches zusammengefasst und bilden eine solide Grundlage für die Verständigung und Kommunikation auf Schwedisch. Unbekannte Wörter können hier nachgeschlagen werden. Außerdem können Sie anhand des ausführlichen Stichwortregisters gezielt nach bestimmten grammatischen Aspekten suchen.

Bei aller Grammatik: Der Praxistauglichkeit zuliebe möchten wir so schreiben, wie die Schweden Schwedisch und wie die Deutschen Deutsch sprechen. Sie werden daher manchmal Übersetzungen finden, die idiomatisch sind oder auch grammatikalisch nicht hundertprozentig exakt, wie z.B. das Sprichwort »*Smid medan järnet är varmt.* «, das nicht wortwörtlich, sondern mit seiner deutschen Entsprechung übersetzt wird: »Schmiede das Eisen, solange es warm ist. «

Wir danken Julia Glasow für ihre große Hilfe beim Korrekturlesen und für viele wertvolle Hinweise. Unser Dank gilt auch unseren schwedischen und deutschen Freunden, die uns zahlreiche Anregungen geliefert haben. Ganz besonders danken wir Maureen Grönke vom Helmut Buske Verlag für ihr großes Engagement.

Viel Freude und Erfolg beim Lernen!

Irmela und Lothar Adelt

1 Substantive

a | Das Geschlecht der Substantive

Das Schwedische kennt nur die beiden grammatischen Geschlechter (= Genera, Sg. Genus) Utrum und Neutrum. Die Einteilung der schwedischen Substantive erfolgt nicht immer nach klaren Regeln oder anhand spezifischer Endungen, sodass das jeweilige Genus stets mitgelernt werden sollte. Das Genus zusammengesetzter Wörter richtet sich – wie im Deutschen – nach dem letzten Wortbestandteil.

Die Zugehörigkeit eines Substantivs zu den Utra oder Neutra (so die Pluralbezeichnungen) bestimmt, ob es den Artikel *en* oder *ett* erhält – deshalb ist das Genus beim Vokabellernen so wichtig.

Utra (Sg. Utrum)

Zur Gattung der Utrum-Wörter, die weibliche und männliche Substantive (Feminina und Maskulina) zusammenfasst und ca. 75% des schwedischen Substantivbestands einschließt, gehören in der Regel:

- Personenbezeichnungen: *en man, en kvinna, en fru, en fader, en moder*
- Tiere und Pflanzen: *en häst, en åsna, en get, en gris, en gås, en anka, en tall, en björk*
- Sachen: *en bil, en cykel, en stol, en tång, en snaps*
- Dinge, Bezeichnungen und Fremdwörter mit den folgenden Endungen:

-a	*karta*	-fon	*mikrofon*	-lek	*kärlek*
-are	*källare*	-het	*jämlikhet*	-nad	*promenad*
-dom	*ungdom*	-ik	*butik*	-ur	*regnskur*
-else	*händelse*	-ing	*flykting*	-å	*byrå*
-ett	*balett*	-ion	*lektion*		

- Berufs- und Nationalitätsbezeichnungen: *en lärare, en målare, en montör, en glasmästare, en tysk, en svensk*
- Wochentage, Monate, Jahreszeiten und Feste (wie im Deutschen stehen diese Wörter meist ohne Artikel): *tisdag, lördag, mars, augusti, vår, sommar, pingst, jul*
- Substantivierte Grundzahlen: *en nolla, en etta, en nia*

Neutra (Sg. Neutrum)

Zu den Neutrum-Wörtern zählen u.a. Personen, Tiere und Dinge, deren Geschlecht nicht bekannt bzw. nicht relevant ist:

- Personenbezeichnungen: *ett barn, ett syskon, ett par*
- Tiere: *ett lamm, ett får, ett djur, ett höns, ett ko*

- Sachen: *ett hus, ett tak, ett bord, ett besök, ett verktyg, ett vin*
- Dinge, Bezeichnungen und Fremdwörter mit den folgenden Endungen:

-ag(e)	*bandage*
-em	*problem*
-eri	*gjuteri*
-gram	*program*

-iv	*liv*
-ment	*parlament*
-ori	*konditori*
-skop	*mikroskop*

-tek	*bibliotek*
-um	*datum*

- Länder-, Insel-, Städte- und Ortsnamen (im Schwedischen wie im Deutschen meist ohne Artikel): *Tyskland, Sverige, Gotland, Stockholm*

b | Unbestimmter und bestimmter Artikel Singular

Der unbestimmte Artikel

Der unbestimmte Artikel wird wie im Deutschen dem Substantiv vorangestellt und lautet bei den Utra *en* (sog. *en*-Wörter):

en man, en kvinna, en häst, en björk, en bil, en stol, en karta, en butik, en kärlek, en lärare, en regnskur, en montör, (tisdag, mars)

Neutra haben den unbestimmten Artikel *ett* (sog. *ett*-Wörter):

ett barn, ett syskon, ett lamm, ett får, ett hus, ett bord, ett problem, ett parlament, ett datum, (Tyskland, Stockholm)

Der bestimmte Artikel

Anders als im Deutschen ist der bestimmte Artikel im Schwedischen kein selbstständiges Wort. Stattdessen wird eine Endung an das Substantiv angehängt:

	Auslaut	Endung	Beispiele
Utra (*en*-Wörter)	Konsonant	-en	*vågen, burken, tidningen*
	Vokal	-n	*kartan, apan, varan*
	unbetonter Vokal + l oder r	-n	*muskeln, modern*

Bei allen Utrum-Wörtern auf -an und vielen Fremdwörtern auf -en sind unbestimmte und bestimmte Form gleich:

början = Anfang, der Anfang　　*examen* = Examen, das Examen

	Auslaut	Endung	Beispiele
Neutra (*ett*-Wörter)	Konsonant	-et	*barnet, bordet, paketet*
	betonter Vokal	-(e)t	*knä(e)t*
	unbetonter Vokal	-t	*fotot*

c | Die Pluralbildung

Die fünf Deklinationen der Substantive

Bei der regelmäßigen Pluralbildung werden die schwedischen Substantive in fünf Deklinationsklassen eingeteilt, die die (unbestimmte) Pluralendung vorgeben:

Deklinationsklasse	Zugehörigkeit	Pluralendung
1. Deklination	ausschließlich Utra	-or
2. Deklination	ausschließlich Utra	-ar
3. Deklination	Utra und Neutra	-er
4. Deklination	ausschließlich Neutra	-n
5. Deklination	Utra und Neutra	–

1. Deklination (Pluralendung: -or)

- Utra, die auf unbetontes -a enden (das -a fällt vor der Pluralendung weg): *en flicka – två flickor*
- einige Utra, die nicht auf -a enden: *en ros – två rosor*

2. Deklination (Pluralendung: -ar)

- die meisten einsilbigen Utra, die auf einen Konsonanten enden: *en bil – två bilar*
- Utra, die auf -e enden: *en pojke – två pojkar*
- mehrsilbige Utra, die auf -dom, -el, -en, -er, -lek oder -ing enden: *en cykel – två cyklar, en övning – två övningar*

3. Deklination (Pluralendung: -er)

- Utra fremder Herkunft, die auf der letzten Silbe betont werden: *en butik – två butiker*
- einige Lehnwörter, die auf -el, -er oder -or enden: *en muskel – muskler, en dator – två datorer*
- Substantive, die im Plural einen Umlaut haben: *en strand – två stränder*
- viele einsilbige Utra, die auf einen Konsonanten enden: *en kust – två kuster, en sak – två saker*
- Utra, die auf -het, -nad, -när oder -skap enden: *en månad – två månader, en konstnär – två konstnärer*
- einige Utra, die auf Vokal enden (erhalten lediglich die Pluralendung -r): *en ko – två kor, en sko – två skor*
- Neutra, die auf -eri, -ori, -eum oder -ium enden: *ett museum – två museer*

4. Deklination (Pluralendung: -n)

- Neutra, die auf einen Vokal enden: *ett äpple – två äpplen*

5. Deklination (keine Endung)

- Neutra, die auf einen Konsonanten enden: *ett hus – två hus*
- einige Utra, die im Plural Umlaut haben: *en man – två män, en mus – två möss*
- weitere Utra und Neutra, die keine eigene Pluralform haben (meist mit den Endungen -are, -ande, -(i)er und -iker): *en lärare – två lärare, en kärande – två kärande*
- Maßbezeichnungen: *en liter – två liter, en kilometer – två kilometer*

Sonderfälle

- Substantive mit unregelmäßiger Pluralbildung: *ett öga – två ögon, ett öra – två öron*
- Substantive, die zumeist oder ausschließlich im Plural verwendet werden:

anor (Ahnen, Vorfahren)	*föräldrar* (Eltern)	*glasögon* (Brille)
grönsaker (Gemüse)	*sötsaker* (Süßigkeiten)	*pengar* (Geld)
flingor (Cerealien)	*makaroner* (Makkaroni)	*badbyxor* (Badehose)
sängkläder (Bettwäsche)	*kalsonger* (Herrenunterhose)	*trosor* (Schlüpfer)

- Substantive mit »behelfsmäßiger« Pluralform: *önskan* (der Wunsch) – *önskningar*
- Substantive mit zwar regelmäßiger Pluralbildung, aber verschiedenen Bedeutungen und dementsprechend verschiedenen Pluralformen:

en bank (Sitz-) – *två bankar*	*en bank* (Geldinstitut) – *två banker*
en bok (Buch) – *två böcker*	*en bok* (Buche) – *två bokar*
en byrå (Kommode) – *två byråar*	*en byrå* (Büro) – *två byråer*
en lag (Gesetz) – *två lagar*	*ett lag* (Mannschaft) – *två lag*
en plan (Plan) – *två planer*	*ett plan* (Flugzeug) – *två plan*

Der bestimmte Artikel Plural

Genau wie im Singular werden schwedische Substantive auch im Plural »bestimmt«, indem eine kennzeichnende Endung angehängt wird.

- alle Utrum-Wörter	-na	*kartorna, aporna, varorna*
- einige Neutrum-Wörter	-na	*stipendierna*
- Neutra der 5. Deklination	-en	*barnen, borden*

d | Zusammenfassung: Artikelgebrauch und Pluralbildung

Dekl.		Singular		Plural-endung	Plural	
		unbestimmte Form *(z.B. ein Mädchen)*	**bestimmte Form** *(z.B. das Mädchen)*		**unbestimmte Form** *(z.B. zwei Mädchen)*	**bestimmte Form** *(z.B. die Mädchen)*
1	**a)**	en karta apa	kartan apan	-or	två kartor apor	kartorna aporna
	b)	en våg	vågen		två vågor	vågorna
2	**a)**	en burk båt	burken båten	-ar	två burkar båtar	burkarna båtarna
	b)	en påse rulle	påsen rullen		två påsar rullar	påsarna rullarna
	c)	en storlek syster öken rikedom	storleken systern öknen rikedomen		två storlekar systrar öknar rikedomar	storlekarna sytrarna öknarna rikedomarna
3	**a)**	en apelsin blankett	apelsinen blanketten	-er/-r	två apelsiner blanketter	apelsinerna blanketterna
	b)	en muskel regel	muskeln regeln		två muskler regler	musklerna reglerna
	c)	en natt	natten		två nätter	nätterna
	d)	en färg	färgen		två färger	färgerna
	e)	en skillnad	skillnaden		två skillnader	skillnaderna
	f)	en bastu sko	bastun skon		två bastur skor	basturna skorna
	g)	ett bageri stipendium	bageriet stipendiet		två bagerier stipendier	bagerierna stipendierna
4		ett foto	fotot	-n	två foton	fotona
5	**a)**	ett barn paket	barnet paketet	–	två barn paket	barnen paketen
	b)	en tekniker indier	teknikern indiern		två tekniker indier	teknikerna indierna
	c)	en bro(de)r morot	brodern moroten		två bröder morötter	bröderna morötterna
	d)	en meter	metern		två meter	meterna

Übungen

1. Füllen Sie die Lücken mit *en* oder *ett*.

1. Trelleborg är ________ stad i södra Sverige.
2. Belgien är ________ land.
3. Gotland är ________ ö.
4. Tyska är ________ språk.
5. Söndag är ________ viktig dag.
6. Vättern är ________ sjö.
7. Zugspitze är ________ berg i södra Tyskland.
8. Halle är ________ tysk stad.
9. En gris är ________ djur.
10. ________ bord finns i köket.

2. Wählen Sie das richtige Wort aus.

1. das Auto = ______________

   a) *bil* c) *bilet*
   b) *bilen* d) *bilerna*

2. På hösten plockar vi svamp i ________________.

   a) *skog* c) *skogen*
   b) *skogar* d) *skoget*

3. ________________ är öppet.

   a) *Museen* c) *Museum*
   b) *Museer* d) *Museet*

4. Vi har köpt ________________________ i närheten av Stockholm.

   a) *ett sommarstuga* c) *sommarstugor*
   b) *sommarstuga* d) *en sommarstuga*

5. ________________ stänger om fem minuter.

   a) *Varuhusen* c) *Varuhuset*
   b) *Varuhuserna* d) *Varuhus*

6. Titta på fågeln, som sitter på ________________.

   a) *taken* c) *takar*
   b) *taket* d) *takor*

7. I min trädgård växer många ________________.

   a) *rosor* c) *rosarna*
   b) *rosar* d) *roser*

8. Bordet är _____ ________________ brett.

   a) *ett meter* b) *en meter*

3. Setzen Sie den Plural ein.

1. *ett barn* Siv har tre ________________.
2. *ett bord* Det finns två ________________ i köket.
3. *en elev* Alla ________________ är mycket trötta nu.
4. *ett glas* Vi behöver många ________________.
5. *en banan* Jag vill äta sex ________________.
6. *en timme* Vi måste vänta i två ________________.
7. *ett ben* En stol har fyra ________________.
8. *ett finger* Min hand har fem ________________.
9. *en arm* Varje man har två ________________.
10. *ett äpple* Jag äter tre ________________.

4. Ergänzen Sie die fehlenden Formen.

Singular		Plural	
unbestimmte Form	bestimmte Form	unbestimmte Form	bestimmte Form
en bro		*två*	
en fader		*två*	
en bok (ein Buch)		*två*	
ett stycke		*två*	
en kilometer		*två*	
en blomma		*två*	
en moder		*två*	
en katt		*två*	
ett tak		*två*	
en arm		*två*	
en händelse		*två*	
en timme		*två*	
en släkting		*två*	
en programmerare		*två*	
ett knä		*två*	
en hand		*två*	
en kust		*två*	
ett vykort		*två*	
en läkare		*två*	
en vinter		*två*	

5. Wandeln Sie die Subjekte der folgenden Sätze in die bestimmte Form um.

1. *Ett kort* och *en adressbok* ligger på bordet.
   ____________________ och ____________________ ligger på bordet.
2. Det hänger *en jacka, en kjol* och *en blus* på klädhängaren.
   ____________________, ____________________ och ____________________
   hänger på klädhängaren.
3. *En kvinna* och *ett barn* står på vägen.
   ____________________ och ____________________ står på vägen.
4. *Ett teaterbesök* är alltid intressant.
   ____________________ är alltid intressant.
5. *En bil* befinner sig i garaget.
   ____________________ befinner sig i garaget.
6. *Ett får* och *ett lamm* är i stallet.
   ____________________ och ____________________ är i stallet.

6. Übersetzen Sie.

1. Der Automechaniker hat sehr gut gearbeitet.
2. Die Autowerkstätten haben an Werktagen von 8.00 bis 20.00 Uhr geöffnet.
3. Der Blinker funktioniert sehr sicher.
4. Gibt es viele Tankstellen an der Autobahn E4 nach Stockholm?
5. Hört man den Verkehr nachts hier sehr?
6. Sie meldete sich bei der Fahrschule an.
7. Ich fand keinen Zeugen für den Autounfall.
8. Wir haben zwei Töchter und drei Enkel.
9. Wir haben unsere Büroräume in dem hohen Gebäude dort.
10. Wir brauchen eine Kommode mit vielen Schubladen.

Vokabelhilfe

Automechaniker	*bilmekaniker*
Werktag	*vardag*
funktionieren	*fungera, fungerar, fungerade, fungerat*
finden	*hitta, hittar, hittade, hittat*
Zeuge	*vittne*
Autounfall	*bilolycka*
Enkel	*barnbarn*
Büroraum	*kontorslokal*
brauchen	*behöva, behöver, behövde, behövt*
Kommode	*byrå*

7. Ergänzen Sie die fehlenden Wörter.

1. *Die Abgeordneten diskutieren den Vorschlag im Reichstag.*
   ______________________ diskuterar _______________ i _______________.

2. *Das Gesetz besagt, dass man am Auto Licht haben muss.*
   ___________________ säger att man måste ha ljus på ___________________.

3. *Sie bekam zwei Jahre Gefängnis.*
   Hon fick två års ______________________.

4. *Ungefähr 85% der Bevölkerung wohnen im südlichen Teil Schwedens.*
   Ungefär 85% av ______________________ bor i södra _____________ av Sverige.

5. *Es gibt in der Kommune eine Bibliothek.*
   Det finns ______________________ i ______________________.

6. *Wann ist das nächste Mal Wahl?*
   När är det ______________________ nästa gång?

7. *Der Finanzminister sprach über Deutschlands Ökonomie (Wirtschaft) in der Zukunft.*
   ___________________ talade om Tysklands ekonomi i ___________________.

8. *Schweden hat eine neue Regierung.*
   Sverige har en ny ______________________.

9. *Russlands Präsident kommt am Wochenende nach Schweden.*
   Rysslands ____________________ kommer till Sverige på ___________________.

10. *Die Festlichkeiten wurden mit einem Galaessen gekrönt.*
    ______________________ kröntes med en galamiddag.

11. *Der König und die Königin sind sehr populär in Schweden.*
    ___________________ och ____________________ är mycket populära i Sverige.

12. *Schweden ist eine konstitutionelle Monarchie und eine parlamentarische Demokratie.*
    Sverige är en konstitutionell ______________________ och en parlamentarisk
    ______________________.

<u>Vokabelhilfe</u>

Mitglied, Abgeordneter	*ledamot*
Gefängnis	*fängelse*
Bevölkerung	*befolkning*
Gemeinde, Kommune	*kommun*
Minister	*minister*
Präsident	*president*
Monarchie	*monarki*
Demokratie	*demokrati*

8. Ersetzen Sie den Ausdruck in Klammern durch die richtige Pluralform.

1. Jag har två ______________________ (*en syster*).
2. Det tar fyra ______________________ (*en timme*) med bilen till Stockholm.
3. Vi besökte många ______________________ (*en stad*) i Tyskland.
4. Många ______________________ (*en turist*) kommer från Tyskland till Småland.
5. Det finns fina ______________________ (*en sandstrand*) i närheten av Stralsund.
6. Många ______________________ (*en tysk*) har sina ______________________ (*ett hus*) i Sverige.
7. Det finns många ______________________ (*en häst*) i Småland.
8. Några ______________________ (*en vårblomma*) blommar i trädgården.
9. I min trädgård växer ______________________ (*en ros*).
10. I den här sjön badar våra ______________________ (*ett barn*) på sommaren.

9. Setzen Sie das fehlende Substantiv ein.

Vår svenska ______________________ (*Wetterbericht*)

Vår svenska ______________________ (*Nachbar*) har ett mycket stort och fint ______________________ (*Garage*) till sin ______________________ (*Auto*). Men ______________ (*das Auto*) står alltid ute på ______________________ (*der Straße*). Även på ______________________ (*der Nacht*) står ______________________ (*das Auto*) där. Hans ______________________ (*Auto*) är där ______________________ (*montags*) och ______________________ (*dienstags*), på ______________________ (*Sommer*) och på ______________________ (*Winter*).
Nu har vi ______________________ (*Winter*). Min ______________________ (*Frau*) kommer hem med ______________________ (*dem Hund*). Hon säger: »Vår ______________________ (*Nachbar*) körde in sin ______________________ (*Auto*) i ______________________ (*die Garage*).«
Oh, det är farligt. Det kommer att bli minst 20 ______________________ (*Minusgrade*).
Jag måste värma upp mitt ______________________ (*Garage*).

10. Wie heißt die Grundform im Singular?

Singular	Plural
	busschaufförer
	kassörskorna
	mobiltelefonerna
	övningar
	päron
	sjuksköterskor
	biologerna
	bilverkstäderna
	tjänstebreven

2 Substantive

e | Der freistehende bestimmte Artikel

Wenn vor einem Substantiv in der bestimmten Form, also mit entsprechender Endung, ein Adjektiv steht, wird dem Adjektiv zusätzlich ein spezieller bestimmter Artikel vorangestellt – das Substantiv ist somit doppelt bestimmt. Dieser »Adjektivartikel« hat die folgenden Formen:

Utrum Singular	**den**	*den stora dagen, den stora hästen* (veraltete maskuline Form mit -e, z.B. *Karl den store)*
Neutrum Singular	**det**	*det stora huset, det stora taket*
Plural	**de**	*de stora husen, de stora hästarna*

Die folgende Tabelle zeigt die Zusammenhänge anhand von Beispielen.

	unbestimmte Form		**bestimmte Form**	
	ohne Adjektiv	mit Adjektiv	ohne Adjektiv	mit Adjektiv
Utrum Singular	*en båt* ein Boot	*en stor båt* ein großes Boot	*båten* das Boot	*den stora båten* das große Boot
	en flicka ein Mädchen	*en fin flicka* ein schönes Mädchen	*flickan* das Mädchen	*den fina flickan* das schöne Mädchen
Neutrum Singular	*ett hus* ein Haus	*ett stort hus* ein großes Haus	*huset* das Haus	*det stora huset* das große Haus
	ett äpple ein Apfel	*ett fint äpple* ein schöner Apfel	*äpplet* der Apfel	*det fina äpplet* der schöne Apfel
Plural	*hus* Häuser	*stora hus* große Häuser	*husen* die Häuser	*de stora husen* die großen Häuser
	flickor Mädchen	*fina flickor* schöne Mädchen	*flickorna* die Mädchen	*de fina flickorna* die schönen Mädchen

Sonderfälle

Es steht *kein* bestimmter Artikel

- vor hela und halva:

Jag arbetar hela dagen.	Ich arbeite den ganzen Tag.
Hon arbetar halva veckan.	Sie arbeitet die halbe Woche.

- vor Adjektiven, die eine Lage oder Reihenfolge angeben:

högra vägen, vänstra vägen	der rechte Weg, der linke Weg
Övre Vättern, Nedre Vättern	Oberer Vättern, Unterer Vättern (zweitgrößter See Schwedens)
första sidan, sista sidan	die erste Seite, die letzte Seite
i södra delen av Sverige	in dem südlichen Teil von Schweden
i första kapitlet	in dem ersten Kapitel

- in Namen:

Gamla Stan	die Altstadt von Stockholm
Nya testamentet	das Neue Testament

f | Die Fälle – Grundform und Genitiv

Im Gegensatz zum Deutschen gibt es im Schwedischen nur zwei Fälle (= Kasus, Sg. Kasus): die Grundform (entspricht dem deutschen Nominativ, Akkusativ und Dativ) sowie den Genitiv.

Der Genitiv gibt ein Besitzverhältnis an und wird im Schwedischen sowohl im Singular als auch im Plural durch das Anhängen von -s an das jeweilige Wortende gebildet.

In der unbestimmten Form hängt man das -s direkt an die Grundform, in der bestimmten Form folgt es dem bestimmten Artikel. Im Schwedischen steht die Genitivform immer vor dem Substantiv, auf das sie sich bezieht. Die Wortfolge ist somit anders als im Deutschen, wo ein vorangestellter Genitiv (außer bei bestimmten Personen oder Namen) als veraltet empfunden wird (»Aller Tage Abend«).

Das Substantiv, auf das sich der Genitiv bezieht (der »Besitz«), steht im Schwedischen immer in der unbestimmten Form, also ohne Artikel! Der schwedische Genitiv ersetzt dann sozusagen den bestimmten Artikel im Deutschen.

de två barnens leksaker	die Spielsachen der zwei Kinder
pojkens leksaker	die Spielsachen des Jungen
flickors leksaker	die Spielsachen von Mädchen
flickornas handbollsmatch	das Handballspiel der Mädchen
barnens rum	das Zimmer der Kinder
en pojkes rum	das Zimmer eines Jungen
sin systers hus	das Haus seiner Schwester
blommornas stänglar	die Stängel der Blumen

		Singular		Plural	
		unbestimmte Form	bestimmte Form	unbestimmte Form	bestimmte Form
Utrum	Grundf.	*en flicka* ein Mädchen	*flickan* das Mädchen	*två flickor* zwei Mädchen	*flickorna* die zwei Mädchen
	Genitiv	*en flickas* eines Mädchens	*flickans* des Mädchens	*två flickors* zweier Mädchen	*flickornas* der Mädchen
Neutrum	Grundf.	*ett barn* ein Kind	*barnet* das Kind	*två barn* zwei Kinder	*barnen* die Kinder
	Genitiv	*ett barns* eines Kindes	*barnets* des Kindes	*två barns* zweier Kinder	*barnens* der Kinder

Sonderfälle

- Kein -s steht, wenn das Wort auf -s, -x oder -z endet (bei Eigennamen kann ein Apostroph gesetzt werden, wenn dies dem besseren Verständnis dient):

  Klaus/Klaus´ bok — Klaus' Buch
  Marx/Marx' liv — Marx' Leben

- Kein -s steht in festen Verbindungen bei Orts-, Familien- und Firmennamen, die nicht auf -s enden:

  Uppsala domkyrka — der Dom von Uppsala
  Malmö kommun — die Gemeinde von Malmö

- Ein -s steht im Unterschied zum Deutschen bei Maß- und Zeitangaben:

  på tre meters djup — in drei Meter Tiefe
  efter två timmars sömn — nach zwei Stunden Schlaf

- Das -s steht bei speziellen Bezeichnungen im Schwedischen:

  Stockholms stad — die Stadt Stockholm
  Jönköpings län — der Verwaltungsbezirk von Jönköping

- Ein Besitzverhältnis wird im Schwedischen manchmal auch durch eine Präposition ausgedrückt:

  ägaren till cykeln — der Besitzer des Fahrrads
  mitt hörn av världen — mein Winkel der Welt
  lösningen på problemet — die Lösung des Problems

Übungen

1. Übersetzen Sie.

1. Wir rufen die großen Töchter.
2. Hier wohnt das schöne Mädchen.
3. Er arbeitet eine halbe Stunde.
4. Siehst du das rote Haus?
5. Ich lese die letzte Seite des Buches.
6. Dort liegt ein schöner Apfel.
7. Wir haben das alte Sommerhaus in der Nähe von Stockholm gekauft.
8. Sie besuchen das Weiße Haus in Washington.

Vokabelhilfe

rufen	*ropa, ropar, ropade, ropat*
halb	*halv, halvt*
letzte, letzter, letztes	*sista*
Sommerhaus	*stuga, stugan, stugor*
das Weiße Haus	*Vita huset*

2. Welche Form des freistehenden Artikels ist richtig?

1. Jag köpte ____________________.
   a) *de gamla bilen* b) *det gamla bil* c) *den gamla bilen* d) *den gamla bil*
2. Vi ser ____________________.
   a) *den stora båten* b) *det stora båt* c) *den stor båten* d) *de stora båten*
3. Min mor arbetar ____________________.
   a) *den hela dagen* b) *de hela dag* c) *det hel dag* d) *hela dagen*
4. Jag känner mig lycklig när jag vandrar ____________________.
   a) *i det vackra naturen* b) *i de vackra naturen* c) *i den vackra naturen*
5. Min mor bor i ____________________.
   a) *de gula huset* b) *den gula huset* c) *det gula huset*
6. Hon köpte ____________________.
   a) *de bekväma stolarna* b) *det bekväma stolarna* c) *den bekväma stolarna*
7. Falun ligger i ____________________ av Sverige.
   a) *de norra delen* b) *den norra delen* c) *norra delen*
8. Han studerar ____________________.
   a) *halva veckan* b) *de halva veckan* c) *det halva veckan*
9. ____________________ tvingade läraren att avbryta vandringen.
   a) *De dåliga väder* b) *Det dåliga vädret* c) *Den dåliga vädret*

3. Formulieren Sie die passenden Genitivstrukturen.

1. Läraren har en bil. Det är ________________ ________________.
2. Barnet har en cykel. Det är ________________ ________________.
3. Lars har en syster. Det är ________________ ________________.
4. Emma har nycklar. Det är ________________ ________________.
5. Kvinnan har ett hus. Det är ________________ ________________.
6. Pojken har leksaker. Det är ________________ ________________.
7. Min bror har en hund. Det är ______________ ______________ ______________.

4. Übersetzen Sie.

1. Die Eltern der Kinder arbeiten noch.
2. Nach vier Stunden Schlaf setzten wir unsere Reise fort.
3. Das Haus der Familie Zakrisson ist frisch gestrichen.
4. Das ist Svens neues Auto.
5. Hannas Brüder arbeiten in Lund.
6. Das Spiel der Mannschaft war nicht gut.
7. Der Hund meines Bruders ist sehr alt.
8. Wir wohnen in einem Haus mit vier Etagen.
9. Parkplatz nur für (die) Kunden der Räucherei!

Vokabelhilfe

Eltern	*föräldrar (Pl.)*
Schlaf	*sömn, sömnen*
fortsetzen	*fortsätta, fortsätter, fortsatte, fortsatt*
malen, streichen	*måla, målar, målade, målat*
frisch gestrichen	*nymålad, nymålat, nymålade*
Spiel	*spel, spelet*
Mannschaft	*lag, laget, lagen*
Etage, Stockwerk	*våning, våningen, våningar*
Parkplatz	*parkeringsplats, -platsen, -platser*
Räucherei	*rökeri, rökeriet, rökerier*

3 Adjektive

Im Schwedischen wird wie im Deutschen zwischen starkem und schwachem Adjektivgebrauch bzw. »starken« und »schwachen« Adjektiven unterschieden. Ein und dasselbe Adjektiv kann also je nach Gebrauch stark oder schwach sein!

- Starke Adjektive stehen mit dem unbestimmten Artikel (*en stor bil*) oder als Prädikativum (= Teil eines Prädikats, *älgen är stor*).
- Schwache Adjektive stehen mit dem bestimmten Artikel (*det stora huset*).

a | Starke Adjektive (unbestimmte Form)

In der starken (= unbestimmten) Form sind schwedische Adjektive immer abhängig vom dazugehörigen Substantiv und stehen in Übereinstimmung mit dessen Numerus (Singular oder Plural) und Genus (Utrum oder Neutrum).

Die unbestimmte Form Singular ist die Grundform des Adjektivs. Allerdings wird eine Unterscheidung zwischen Utra und Neutra vorgenommen: Die Utrumform entspricht der Grundform (= Adjektivstamm), die Neutrumform wird durch Anhängen von -t gebildet. Adjektive, deren Stamm auf -d oder einen Vokal endet, enden im Neutrum auf -tt. Welche der beiden Formen verwendet wird, hängt also immer vom dazugehörigen Substantiv ab! Im Plural wird die unbestimmte Form durch Anhängen von -a gebildet.

Im Gegensatz zum Deutschen, wo das Adjektiv bei prädikativem Gebrauch unveränderlich ist, wird es im Schwedischen auch bei prädikativem Gebrauch an sein Bezugswort angeglichen.

Attributiver Gebrauch

Utrum	Neutrum	Plural
en stor apelsin eine große Orange	*ett stort hus* ein großes Haus	*två stora apelsiner* zwei große Orangen *tre stora hus* drei große Häuser
en gullig stuga ein niedliches Häuschen	*ett gulligt museum* ein niedliches Museum	*många gulliga stugor* viele niedliche Häuschen *två gulliga museer* zwei niedliche Museen
en klok lärare ein kluger Lehrer	*ett klokt barn* ein kluges Kind	*många kloka lärare* viele kluge Lehrer *två kloka barn* zwei kluge Kinder

Utrum	Neutrum	Plural
en grön stol ein grüner Stuhl	*ett grönt bord* ein grüner Tisch	*många gröna stolar* viele grüne Stühle *två gröna bord* zwei grüne Tische
en dyr broschyr eine teure Broschüre	*ett dyrt dagis* ein teurer Kindergarten	*många dyra broschyrer* viele teure Broschüren *två dyra dagis* zwei teure Kindergärten
en ny information eine neue Information	*ett nytt försök* ein neuer Versuch	*två nya informationer* zwei neue Informationen *tre nya försök* drei neue Versuche
en rolig man ein lustiger Mann	*ett roligt samtal* ein lustiges Gespräch	*fyra roliga män* vier lustige Männer *många roliga samtal* viele lustige Gespräche
en varm dag ein warmer Tag	*ett varmt rum* ein warmes Zimmer	*många varma dagar* viele warme Tage *tre varma rum* drei warme Zimmer

Prädikativer Gebrauch

Utrum	Neutrum	Plural
Älgen är stor. Der Elch ist groß.	*Lodjuret är stort.* Der Luchs ist groß.	*Älgarna är stora.* Die Elche sind groß.

Unregelmäßige starke Adjektive

Starke Adjektive, die auf einen langen unbetonten Vokal oder auf einen langen betonten Vokal + -d oder -t auslauten, erhalten im Neutrum die Endung -tt. Das d bzw. t entfällt dabei:

Utrum	Neutrum	Plural	
en blå bil ein blaues Auto	*ett blått öga* ein blaues Auge	*många blåa bilar* *två blåa ögon*	viele blaue Autos zwei blaue Augen
en söt flicka ein süßes Mädchen	*ett sött foto* ein süßes Foto	*fem söta flickor* *fem söta foton*	fünf süße Mädchen fünf süße Fotos
en röd ros eine rote Rose	*ett rött äpple* ein roter Apfel	*tre röda rosor* *sex röda äpplen*	drei rote Rosen sechs rote Äpfel

Auf einen Konsonanten + -t auslautende starke Adjektive bleiben im Neutrum unverändert:

Utrum	Neutrum	Plural
en intressant man ein interessanter Mann	*ett intressant land* ein interessantes Land	*två intressanta män* zwei interessante Männer *många intressanta länder* viele interessante Länder

Auf einen Konsonanten + -d auslautende starke Adjektive verlieren im Neutrum das d:

Utrum	Neutrum	Plural	
en hård limpa ein hartes Brot	*ett hårt ben* ein harter Knochen	*många hårda limpor* *två hårda ben*	viele harte Brote zwei harte Knochen

Starke Adjektive, die auf unbetontes -er, -el oder -en auslauten, verlieren im Plural das e:

Utrum	Neutrum	Plural
en vacker flicka ein schönes Mädchen	*ett vackert barn* ein schönes Kind	*två vackra flickor* zwei schöne Mädchen *många vackra barn* viele schöne Kinder
en enkel stuga eine einfache Hütte	*ett enkelt ord* ein einfaches Wort	*två enkla stugor* zwei einfache Hütten *tre enkla ord* drei einfache Wörter

b | Schwache Adjektive (bestimmte Form)

Die schwache (= bestimmte) Form des Adjektivs ist im Singular und Plural gleich und entspricht immer der unbestimmten Pluralform. Die einheitliche Endung schwacher Adjektive ist also immer -a. Das Substantiv, auf das sich das Adjektiv bezieht, behält seinen angehängten bestimmten Artikel bei und erhält zusätzlich den sogenannten Adjektivartikel (siehe »2 – Substantive. Der freistehende bestimmte Artikel«).

Schwache Adjektive stehen zusammen mit Substantiven in bestimmter Form, aber auch mit Genitiv und Possessivpronomen (*min stora kärlek* = meine große Liebe; siehe »8 – Possessivpronomen«).

Utrum	Neutrum	Plural
den stora apelsinen die große Orange	*det stora huset* das große Haus	*de stora apelsinerna* die großen Orangen *de stora husen* die großen Häuser

Unregelmäßige schwache Adjektive

Bei schwachen Adjektiven, die auf unbetontes -er, -el oder -en auslauten (z.B. *mogen*), fällt das e weg:

Utrum	Neutrum	Plural
den mogna bananen die reife Banane	*det mogna äpplet* der reife Apfel	*de mogna bananerna/äpplena* die reifen Bananen/Äpfel

Übersicht: Unbestimmte (starke) und bestimmte (schwache) Form des Adjektivs

	Utrum	Neutrum	Plural
unbestimmte Form	*en stor stol* ein großer Stuhl *en röd bil* ein rotes Auto	*ett stort hus* ein großes Haus *ett rött äpple* ein roter Apfel	*stora stolar/hus* große Stühle/Häuser *röda äpplen* rote Äpfel
bestimmte Form	*den stora stolen* der große Stuhl *den röda bilen* das rote Auto	*det stora huset* das große Haus *det röda äpplet* der rote Apfel	*de stora stolarna* die großen Stühle *de röda äpplen* die roten Äpfel

c | Einige wichtige unveränderliche Adjektive

Die folgenden Adjektive haben nur eine einzige Form und kommen so auch als Adverbien vor. Meist handelt es sich dabei um Adjektive, die auf -a, -s oder -e auslauten:

- bra (*gut*)

Sången är bra.	Das Lied ist gut.
Huset är bra.	Das Haus ist gut.
Böckerna är bra.	Die Bücher sind gut.

- äkta (*echt*)

Smycket är äkta.	Der Schmuck ist echt.
Bijouterier är inte äkta.	Modeschmuck ist nicht echt.

- extra (*extra, zusätzlich*)

Jag skulle vilja ta någon extra försäkring när jag reser mycket.	Ich würde eine zusätzliche Versicherung abschließen wollen, wenn ich viel reise.

- gratis (*kostenlos*)

Här får du gratis böcker.	Hier bekommst du kostenlose Bücher.
Man kan få gratis material i turistbyrån.	Man kann kostenloses Material in der Touristeninformation bekommen.

- gammaldags (*altmodisch*)

Han är lite gammaldags.	Er ist ein bisschen altmodisch.
Alla fruar hade gammaldags klänningar.	Alle Frauen hatten altmodische Kleider.

- lagom (*genau richtig*)

Vi hade lagom väder på semestern.	Wir hatten genau richtiges Wetter im Urlaub.

d | Die Adjektive *gammal* und *liten*

Die Adjektive *gammal* und *liten* bilden besondere Formen.

		Utrum	Neutrum	Plural
gammal	unbestimmt	*en gammal bil* ein altes Auto	*ett gammalt hus* ein altes Haus	*gamla bilar* alte Autos
	bestimmt	*den gamla bilen* das alte Auto	*det gamla huset* das alte Haus	*de gamla husen* die alten Häuser
liten	unbestimmt	*en liten bil* ein kleines Auto	*ett litet hus* ein kleines Haus	*små bilar* kleine Autos
	bestimmt	*den lilla bilen* das kleine Auto	*det lilla huset* das kleine Haus	*de små husen* die kleinen Häuser

Übungen

1. Welche Lösung ist richtig?

1. Det ____________________ vädret tvingade läraren att avbryta vandringen.
   a) *dålig* c) *dåliga*
   b) *dåligt* d) *dåligar*
2. Imorgon är vi ____________________ från skolan.
   a) *ledig* c) *lediga*
   b) *ledigt* d) *lediget*
3. Vi har många ____________________ intressen.
   a) *gemensamt* c) *gemensammar*
   b) *gemensam* d) *gemensamma*

4. Dirigenten är en ________________________ person.

a) *intressant* c) *intressanten*
b) *intressanta* d) *intressanter*

2. Übertragen Sie das jeweilige Adjektiv in die Neutrumform.

1. en fin ros ett ________________________ djur
2. en stor häst ett ________________________ träd
3. en röd bil ett ________________________ äpple
4. en ny cykel ett ________________________ piano
5. en blå sjö ett ________________________ öga
6. en vit ridå ett ________________________ papper

3. Setzen Sie die richtige Pluralform ein.

1. en lång bro många ________________________ broar
2. ett bra test fyra ________________________ test
3. en vacker blomma många ________________________ blommar
4. ett litet barn fem ________________________ barn
5. en stor häst två ________________________ hästar

4. Übertragen Sie das jeweilige Adjektiv in die Pluralform.

1. ett klart väder många ________________________ färger
2. en duktig flicka många ________________________ personer
3. ett klokt beslut många ________________________ idéer
4. en flitig pojke tre ________________________ elever
5. en gul flagga fyra ________________________ citroner
6. en blå himmel två ________________________ ögon
7. en vit anka fem ________________________ flaggor

5. Setzen Sie das Adjektiv in der richtigen Form ein.

1. två (*grå*) ________________________ gråsparvar
2. ett (*grå*) ________________________ hus
3. den (*grå*) ________________________ vardagen
4. en (*vit*) ________________________ väg
5. ett (*vit*) ________________________ hus
6. två (*vit*) ________________________ hus
7. sex (*röd*) ________________________ äpplen
8. en (*röd*) ________________________ soffa
9. många (*svart*) ________________________ cyklar
10. en (*vuxen*) ________________________ son
11. tre (*vuxen*) ________________________ söner
12. ett (*vuxen*) ________________________ barn
13. två (*vuxen*) ________________________ barn

6. Welche Adjektivform passt in den jeweiligen Satz?

1. Han hittade inte sin ______________ bil. a) *ny* b) *nya*
2. Vi har ett ______________ hus. a) *stor* b) *stort*
3. Hon köpte en ______________ tröja. a) *grönt* b) *grön*
4. Hon är en ______________ flicka. a) *fin* b) *fint*
5. Det är ______________ ljus. a) *grönt* b) *grön*
6. Inget ______________ har hänt. a) *nytt* b) *nya*
7. De ________________ länderna i tredje världen organiserar sig.
   a) *fattigt* b) *fattiga*
8. Byxorna ser ________________ ut. a) *eleganta* b) *elegant*
9. Vi hittade en affär med ________________ priser.
   a) *billigt* b) *billiga*
10. Hon var ______________ och ______________ i rösten.
    a) *mjuk … len* b) *mjukt … lent*

7. Setzen Sie die richtige Adjektivform ein.

1. Salladshuvudet är ______________ (*stor*).
2. Ett bröllop är alltid en ______________ (*stor*) händelse.
3. De har öppnat en ______________ (*ny*) Lidl affär där jag bor.
4. Vi önskar er ett ________________ (*god ny*) år!
5. I vardagsrummet fanns det en ______________ (*stor*) soffa.
6. Lejonet var en ______________ (*stor*) attraktion på safarin.
7. Avgaserna är ett ______________ (*stor*) miljöproblem.
8. Hon är ______________ och ______________ (*lite … nätt*).
9. Han är en ______________ (*flitig*) teaterbesökare.
10. Det var ______________ (*lång*) kö till biljettautomaterna.
11. Hur ______________ (*lång*) är det till Stockholm?

8. Finden und korrigieren Sie die Fehler.

1. Det är hans stark sida.
2. Det var så liten.
3. Pojken gick ut i vid världen.
4. Låt inte den vänster handen veta vad den höger gör!
5. Vi har underbar vänner i Sverige.
6. Ni har en nytt sommarstuga med alla modern bekvämligheter.
7. Mina föräldrar är frisk.
8. Läraren läste med ljudliga röst.

9. Setzen Sie die Adjektive in der richtigen Form ein.

1. Meine Frau liebt blau (*blå*):
   Min fru köpte en ________________ blus, ett ________________ bälte och två ________________ örhängen.
2. Meine Mutter geht gern in weiß (*vit*):
   Min mor har en ________________ kappa, ett ________________ paraply och ett par ________________ vantar.
3. Mein kleiner Bruder trägt meine alten (*gammal*) Sachen auf:
   Min bror har en ________________ jacka, ett ________________ linne och ett par ________________ jeans.
4. Sivs und Nils´ Hunde sind klein (*liten*), ihr Aquarium groß (*stor*), die vielen Fische darin klein und schön (*vacker*):
   Siv och Nils har två ________________ hundar och ett ________________ akvarium med många ________________, ________________ fiskar i.
5. Der kleine Fiat von Frank ist rot (*röd*), der Volvo von Manuela dagegen ist groß (*stor*) und schwarz (*svart*):
   Frank har en ________________, ________________ Fiat, Manuela har en ________________, ________________ Volvo.

10. Gleichen Sie die Adjektive an.

1. Mjölet är mycket ________________ (*vit, vitt*).
2. Vilken ________________ (*söt, sött*) hund!
3. Ett ________________ (*ljus, ljust*) öl, är du snäll!
4. Hon har ________________ (*röd, rött*) hår.
5. Jag skulle vilja hyra en ________________ (*mellanstor, mellanstort*) bil.
6. Bordet är en meter ________________ (*bred, brett*).
7. Jag känner mig ________________ (*lycklig, lyckligt*) när jag vandrar i den ________________ (*vacker, vackert, vackra*) naturen.
8. Han var ________________ (*svag, svagt*) efter sjukdomen.
9. Han är en ________________ (*god, gott*) vän till mig.

11. Setzen Sie jeweils das entsprechende schwedische Adjektiv ein.

1. Siv är en ________________ (*modern*) fru.
2. Nils cyklade idag på en ________________ (*neu*) cykel.
3. Vi stannade vid en ________________ (*groß*) sjö och hade en ________________ (*schön*) utsikt.
4. Han hade en ________________ (*lang*) dag i staden.
5. Vi såg en ________________ (*alt*) film.
6. Hon har två ________________ (*rot*) äpplen.
7. Hon promenerade med sina två ________________ (*groß*) hundar.
8. På semestern hade vi ________________ (*schön*) väder.
9. På vägen står två ________________ (*neu*) bilar.
10. Vi hade ett ________________ (*interessant*) samtal.

12. Übersetzen Sie.

1. Eines schönen Tages kommt er.
2. Was für eine hübsche Armbanduhr du hast!
3. Brauchst du einen Einzelfahrschein?
4. Er hat zwei erwachsene Enkelkinder.
5. Gestern hatten wir ein interessantes Gespräch.
6. Uns gefällt der graue Alltag nicht. (= Wir mögen den grauen Alltag nicht.)
7. Mein Auto hat eine sehr gute Batterie.
8. Die Bäckerei hatte nur hartes Brot.

Vokabelhilfe

schön, hübsch	*vacker, vackert*
Armbanduhr	*armbandsur, armbandsuret, armbandsur*
brauchen	*behöva, behöver, behövde, behövt*
einfach, Einzel-	*enkel, enkelt*
Fahrschein	*biljett, biljetten, biljetter*
erwachsen	*vuxen, vuxet, vuxna*
Gespräch	*samtal, samtalet, samtal*
etw. mögen	*tycka om ngt., tycker, tyckte, tyckt*

13. Finden und korrigieren Sie die Fehler.

En typiskt småländska upplevelse

Vi har en nytt svenskt granne. Han är en mycket flitiga man. Han står uppe på det hög taket på sitt nytt hus. Han reparerar den trasig taket. Taket är öppen. Man måste stänga de öppen taket så snabbt som möjligt, för de ser ut att bli storm. Många mörkt åskmoln syns på det svart himlen, ett förskräcklig dålig väder. De kommer snart att regna. Men vad nu? Mannen tar sin lång stege och går ner. Han tar sin ny gräsklippare. Vad gör han? Han klipper det 2 cm kort gräset i trädgården kortare.

4 Die Steigerung der Adjektive

Bei der Steigerung von Adjektiven unterscheidet man neben der Grundform (= Positiv) zwei weitere Stufen: den Komparativ (erste Steigerungsstufe) und den Superlativ (zweite Steigerungsstufe).

Die Steigerung mit *-are* und *-ast*

Die Steigerungsformen eines Adjektivs werden im Schwedischen in der Regel durch das Anhängen einer Endung an die Grundform gebildet:

- Komparativ: -are
- Superlativ: -ast

Positiv		Komparativ		Superlativ	
billig	billig	*billigare*	billiger	*billigast*	am billigsten
fin	fein	*finare*	feiner	*finast*	am feinsten

Adjektive, die auf unbetontes -el, -en oder -er enden, verlieren dabei das e:

Positiv		Komparativ		Superlativ	
enkel	einfach	*enklare*	einfacher	*enklast*	am einfachsten
vuxen	erwachsen	*vuxnare*	erwachsener	*vuxnast*	am erwachsensten
vacker	schön	*vackrare*	schöner	*vackrast*	am schönsten

Einige Adjektive bilden den Komparativ mit -re und den Superlativ mit -st. Dabei kann es zur Umlautbildung kommen:

Positiv		Komparativ		Superlativ	
hög	hoch	*högre*	höher	*högst*	am höchsten
låg	niedrig	*lägre*	niedriger	*lägst*	am niedrigsten
lång	lang	*längre*	länger	*längst*	am längsten
stor	groß	*större*	größer	*störst*	am größten
tung	schwer	*tyngre*	schwerer	*tyngst*	am schwersten
ung	jung	*yngre*	jünger	*yngst*	am jüngsten

Die Steigerung mit *mer* und *mest*

Bei mehrsilbigen Adjektiven auf -ad, -isk und -sk sowie bei adjektivisch gebrauchten Partizipien erfolgt die Steigerung durch Voranstellen von *mer* und *mest* vor die Grundform des Adjektivs:

- Komparativ: *mer*
- Superlativ: *mest*

Positiv		Komparativ		Superlativ	
begåvad	begabt	*mer begåvad*	begabter	*mest begåvad*	am begabtesten
typisk	typisch	*mer typisk*	typischer	*mest typisk*	am typischsten
praktisk	praktisch	*mer praktisk*	praktischer	*mest praktisk*	am praktischsten
förtjusande	reizend	*mer förtjusande*	reizender	*mest förtjusande*	am reizendsten

Unregelmäßige Steigerung

Die Steigerung einiger Adjektive ist unregelmäßig. Sie erfolgt mit einem anderen Wortstamm als bei der Grundform:

Positiv		Komparativ		Superlativ	
dålig	schlecht	*sämre*	schlechter	*sämst*	am schlechtesten
gammal	alt	*äldre*	älter	*äldst*	am ältesten
god/ bra	gut	*bättre*	besser	*bäst*	am besten
liten	klein	*mindre*	kleiner	*minst*	am kleinsten

Obwohl *många* und *mycket* (ursprünglich Formen von den Adjektiven *mången* und *mycken*) meist adverbiell oder als Indefinitpronomen verwendet werden, wird an dieser Stelle auch ihre unregelmäßige Steigerung aufgeführt.

Positiv		Komparativ		Superlativ	
mycket	viel	*mer(a)*	mehr	*mest*	am meisten
många	viele	*fler(a)*	mehrere	*flest*	am meisten

Weitere Hinweise zur Steigerung von Adjektiven

Ein mit der Endung -(a)re gebildeter Komparativ ist unveränderlich und hat im Gegensatz zum Deutschen nur eine Form für Utrum und Neutrum, bestimmte und unbestimmte Form, Singular und Plural:

en större stol	ein größerer Stuhl	*större hus*	größere Häuser
ett större hus	ein größeres Haus	*de större stolarna*	die größeren Stühle
den större stolen	der größere Stuhl	*de större husen*	die größeren Häuser
det större huset	das größere Haus	*Stolen är större.*	Der Stuhl ist größer.
större stolar	größere Stühle	*Huset är större.*	Das Haus ist größer.

Ein mit *mer* gebildeter Komparativ hingegen verlangt die Deklination des Adjektivs:

Föräldrarna är mer sympatiska än barnen.	Die Eltern sind sympathischer als die Kinder.

Der Superlativ unterscheidet sich nur in bestimmter und unbestimmter Form. Im Singular und Plural ist er jeweils identisch.

Attributiver Gebrauch

Endet der Superlativ auf -ast, wird zur Bildung der schwachen Form noch ein -e angefügt:

Det är den finaste kyrkan.	Das ist die schönste Kirche.

Wenn der Superlativ allerdings auf -st auslautet, endet die schwache Form auf -a:

Det yngsta barnet heter Lisa.	Das jüngste Kind heißt Lisa.

Prädikativer Gebrauch

Ohne Artikel erhält der Superlativ keine Endung:

Den här kyrkan är finast.	Diese Kirche ist am schönsten.
Den här boken är bäst.	Dieses Buch ist am besten.

Ein Vergleich erfolgt:

- im Positiv mit *som*: *Han är så stor som du.* »Er ist so groß wie du.«
- im Komparativ mit *än*: *Han är större än du.* »Er ist größer als du.«
- im Superlativ ohne Vergleichswort: *Han är störst.* »Er ist am größten.«

Auch beim Vergleich von nur zwei Parteien steht im Schwedischen der Superlativ, sofern sie nicht durch *än* verbunden sind!

Hon är finast av de båda tjejerna.	Sie ist die hübschere von den beiden Mädchen.

Übungen

1. Korrigieren Sie die falschen Steigerungsformen.

1.	*kurz*	kort | kortare | kortest
2.	*sicher*	säker | säkerare | säkrast
3.	*alt*	gammal | äldre | äldast
4.	*spannend*	spännande | spännandare |spännandast
5.	*reif*	mogen | mognare | mogenast
6.	*jung*	ung | ungre |ungst
7.	*müde*	trött | trötterare |tröttast
8.	*schwer*	tung | tyngre | tungst

2. Übersetzen Sie.

1. Du bist meine beste Freundin.
2. Sie ist die beste Freundin.
3. Er ist der beste Freund.
4. Wer ist jünger von beiden, er oder sie?
5. Sie ist das schönste Mädchen.
6. Die Hosen sehen besser aus.
7. Das Boot ist größer.
8. Der Frühling ist die herrlichste Jahreszeit.

Vokabelhilfe

Freundin	*väninna, väninnan, väninnor*
Freund	*vän, vännen, vänner*
Hosen	*byxor (Pl.)*
Boot	*båt, båten, båtar*
Frühling	*vår, våren, vårar*
herrlich	*härlig, härligt*
Jahreszeit	*årstid, årstiden, årstider*

3. Setzen Sie die korrekte Form ein.

1. Berlins ____________________ (*höchster*) berg är 59 m högt!
2. Var snäll och gå ____________________ (*leiser*)!
3. Var snäll och tala ____________________ (*deutlicher*)!
4. Vi är beredda på _______ ____________________ (*das Schlimmste*).
5. Hon är ____________________ (*ordentlicher*) än han.

4. Schreiben Sie für die im folgenden Text enthaltenen Adjektive den Positiv, Komparativ und Superlativ heraus.

Min svenska är inte så bra. Ofta kan jag inte förstå den jag pratar med och jag ber: »Var snäll och tala långsammare och tydligare.« Efter det upprepar min partner detsamma, men högre och – snabbare. Men min svenska blir bättre och bättre …

Positiv	Komparativ	Superlativ

5 Adverbien

a | Die Bildung von Adverbien

Adverbien (= Umstandswörter) dienen der näheren Bestimmung von Verben, Adjektiven, anderen Adverbien oder ganzen Sätzen. Sie können lokal, temporal, modal, kausal oder interrogativ sein.

Ein »Satzadverb« bezieht sich auf den gesamten Satz (im Deutschen oft aus Adjektiv + *-erweise* gebildet).

Es gibt »echte« Adverbien, wie beispielsweise *aldrig* (nie), *alldeles* (ganz), *alltid* (immer), *bara* (nur), *förr* (früher), *genast* (sofort), *ibland* (manchmal), *inte* (nicht), *kanske* (vielleicht), *redan* (schon), *tyvärr* (leider) sowie die Richtungsadverbien.

Meist werden Adverbien aber aus Adjektiven gebildet, manchmal auch aus dem Partizip Präsens oder dem Supinum eines Verbs:

- aus dem Utrum des Adjektivs + -t (= Neutrum des Adjektivs):

Utrum	Neutrum	Adverb	Beispielsatz
sen	sent	sent	*Han arbetade sent på natten.* Er arbeitete spät in der Nacht.
riktig	riktigt	riktigt	*Jag vet inte riktigt om …* Ich weiß nicht recht, ob …
dålig	dåligt	dåligt	*Mormor hör dåligt på höger öra.* Großmutter hört schlecht auf dem rechten Ohr.

- aus dem Utrum eines Adjektivs mit der Endung -lig + -en:

Utrum	Adverb	Beispielsatz
trolig möjlig	troligen möjligen	*Läraren kommer troligen/möjligen inte idag.* Der Lehrer kommt heute wahrscheinlich/möglicherweise nicht.

- aus dem Neutrum eines Adjektivs mit der Endung -ligt + -vis:

Utrum	Neutrum	Adverb	Beispielsatz
trolig möjlig	troligt möjligt	troligtvis möjligtvis	*Jag kommer troligtvis/möjligtvis.* Ich komme wahrscheinlich/möglicherweise.

– aus dem Partizip Präsens eines Verbs:

Verb	Part. Präsens	Adverb	Beispielsatz
stråla	strålande	strålande	*Hon är strålande vacker.* Sie ist strahlend schön.

– aus dem Supinum eines Verbs:

Verb	Supinum	Adverb	Beispielsatz
bestämma	bestämt	bestämt	*Jag tror att han kommer bestämt.* Ich glaube, dass er bestimmt kommt.

b | Lokaladverbien (Adverbien des Ortes)

Lokaladverbien bezeichnen räumliche Gegebenheiten und geben Antwort auf die Fragen ›wo‹, ›wohin‹ und ›woher‹. Die Lokaladverbien zur Angabe der Herkunft werden im Schwedischen durch das Anhängen der Endung -ifrån an die wo- oder wohin-Form gebildet. Im Folgenden werden die einzelnen Adverbien nach Ort, Richtung und Herkunft unterschieden (var? ›wo‹ – vart? ›wohin‹ – varifrån? ›woher‹):

här **hit** **härifrån**	hier hierher von hier	*Jag bor här i Berlin.* *Kom hit!* *Jag är härifrån.*	Ich wohne hier in Berlin. Komm hierher! Ich bin von hier.
där **dit** **därifrån**	dort dorthin von dort	*Bilen står där.* *Hur kommer jag dit?* *därifrån till torget*	Das Auto steht dort. Wie komme ich dorthin? von dort bis zum Markt
inne **in** **inifrån**	drinnen hinein von drinnen	*inne i huset* *Kom in!* *Rök kommer inifrån huset.*	drinnen im Haus (Komm) Herein! Rauch kommt aus dem Haus.
ute **ut** **utifrån**	draußen hinaus von draußen	*Ute är det kallt.* *gå ut på gatan* *Utifrån kommer kall luft.*	Draußen ist es kalt. hinaus auf die Straße gehen Von draußen kommt kalte Luft.
hemma **hem** **hemifrån**	zu Hause nach Hause von zu Hause	*Jag arbetar hemma.* *gå hem* *Vi tog med oss choklad hemifrån.*	Ich arbeite zu Hause. nach Hause gehen Wir nahmen Schokolade von zu Hause mit.
framme **fram** **framifrån**	(da) vorn heran von vorn	*framme vid fönstret* *Han gick fram till bordet.* *Hunden kom framifrån.*	vorn am Fenster Er ging an den Tisch (heran). Der Hund kam von vorn.

uppe **upp** **uppifrån**	oben nach oben von oben	*där uppe* *dit upp* *uppifrån och ned*	dort oben dort hinauf von oben bis unten
nere **ner (ned)** **nerifrån**	unten nach unten von unten	*där nere* *Han gick ner.* *nerifrån och upp*	da unten Er ging nach unten. von unten bis oben
borta **bort** **bortifrån**	weg weg von … her	*där borta* *Bort med händerna!* *komma långt bortifrån*	da drüben Hände weg! von weit her kommen
söder om	südlich von	*Tyskland ligger söder om Sverige.*	Deutschland liegt südlich von Schweden.
söderut	in den Süden	*Vart fjärde år bilar vi söderut.*	Jedes vierte Jahr fahren wir mit dem Auto in den Süden.
söderifrån	von Süden	*En svag vind kommer söderifrån.*	Ein schwacher Wind kommt von Süden.

mit *för* zusammengesetzte Lokaladverbien

innanför	innerhalb	*Punkten ligger innanför ringen.* Der Punkt liegt innerhalb des Kreises.
utanför	außerhalb	*Jag håller mig utanför konflikten.* Ich halte mich aus dem Konflikt heraus.
nedanför	unterhalb	*nedanför fönstret* unterhalb des Fensters
uppför	herauf, hinauf, nach oben	*Vi steg uppför berget.* Wir stiegen auf den Berg hinauf.
nedför, nerför	herunter hinunter, nach unten	*Vi går nerför trappan.* Wir gehen die Treppe hinunter.

c | Temporaladverbien (Adverbien der Zeit)

Temporaladverbien geben Auskunft über ein zeitliches Geschehen. Sie können Informationen über einen Zeitpunkt, einen Zeitraum, eine Zeitdauer, zeitliche Wiederholungen, eine zeitliche Häufigkeit etc. beinhalten.

alltid	immer	*Hon cyklar alltid till skolan.* Sie fährt immer mit dem Fahrrad zur Schule.
aldrig	nie, niemals	*En kung får aldrig ha tråkigt, för då blir han farlig.* Ein König darf sich nie langweilen, denn dann wird er gefährlich.

för det mesta	meistens	*För det mesta har han rätt.* Meistens hat er Recht.
sällan	selten	*Är du trött? Sällan!* Bist du müde? Ganz bestimmt nicht!
ofta	oft	*Jag äter ofta sill och potatis.* Ich esse oft Hering und Kartoffeln.
ibland	manchmal	*Ibland har jag rätt.* Manchmal habe ich Recht.
strax	sofort, gleich	*Klockan är strax tre.* Es ist gleich drei Uhr.
genast	sofort	*Hunden kommer genast.* Der Hund kommt sofort.
just	gerade	*Han kommer just nu.* Er kommt gerade jetzt.
då	dann	*Då har du slagit fel nummer.* Dann bist du falsch verbunden.
sedan	dann, nach- her	*Först kom hon sedan han.* Erst kam sie, dann er.
snart	bald	*De kommer säkert snart.* Sie kommen sicher bald.
först	zuerst	*Först till kvarn får först mala.* Wer zuerst kommt, mahlt zuerst.
till slut	zum Schluss	*Till slut förstod jag ingenting.* Zum Schluss verstand ich nichts.
tidigt	früh	*Jag steg upp tidigt i morse.* Ich stand heute Morgen zeitig auf.
sent	spät	*Han kom för sent till tåget.* Er kam zu spät zum Zug.
redan	schon	*Han har redan tagit examen.* Er hat schon die Prüfung abgelegt.
fortfarande	immer noch	*Han är fortfarande kär i henne.* Er ist immer noch in sie verliebt.
dagligen	täglich	*Tidningen kommer dagligen.* Die Zeitung kommt täglich.
årligen	jährlich	*Vi ses årligen.* Wir sehen uns jährlich.

d | Modaladverbien (Adverbien der Art und Weise)

Modaladverbien geben Auskunft über Art und Weise, Grad und Maß (Qualität, Quantität, Intensität), Erweiterung oder Einschränkung. Die meisten schwedischen Modaladverbien sind von Adjektiven abgeleitet.

mycket	viel, sehr	*Den här blixten var mycket nära.* Dieser Blitz war sehr nahe.
lite	wenig, ein bisschen	*Han är lite gammaldags.* Er ist etwas altmodisch.
ganska	ziemlich	*Nu är vi ganska trötta.* Jetzt sind wir ziemlich müde.
precis	genau	*Det blir precis 150 skr.* Das macht genau 150 schwedische Kronen.
nästan	fast	*Äventyrsfilmen var så trist att jag nästan somnade.* Der Abenteuerfilm war so langweilig, dass ich fast eingeschlafen bin.
alldeles	ganz, durchaus	*Det var alldeles vindstilla ute.* Es war draußen vollkommen windstill.
åtminstone	wenigstens	*Åtminstone kommer han.* Wenigstens kommt er.
särskilt	besonders	*Man tjänar inte särskilt mycket i det här jobbet.* Man verdient nicht besonders viel in diesem Job.
också	auch	*I Sverige är fotboll också en mycket populär sport.* Fußball ist auch in Schweden ein sehr populärer Sport.
även	auch	*Det finns även trådlösa möss.* Es gibt auch kabellose Mäuse.
inte alls	gar nicht, überhaupt nicht	*Barnet kan inte alls sova.* Das Kind kann überhaupt nicht schlafen.
kanske	vielleicht	*Han kommer kanske.* Er kommt vielleicht.
inte	nicht	*Det är inte säsong för jordgubbar nu.* Jetzt ist keine Saison für Erdbeeren.
ej	nicht	*Gäller ej bussen.* Gilt nicht für den Bus.
bara	nur	*Borgen är bara en ruin idag.* Die Burg ist heute nur (noch) eine Ruine.

endast	nur	*Prova »Värnamo Nyheter« i en hel månad för endast 79 skr!* Teste »Värnamo Nyheter« einen ganzen Monat für nur 79 schwedische Kronen!
annars	sonst	*»Annars är man ingen människa utan bara en liten lort«, sa Jonatan.* »Sonst ist man kein Mensch, sondern nur ein Stückchen Dreck«, sagte Jonatan.

e | Interrogativadverbien (Frageadverbien)

Interrogativadverbien fragen nach bestimmten Informationen, z.B. nach den örtlichen, zeitlichen, modalen oder kausalen Umständen, unter denen die Satzaussage erfolgt.

var?	wo?	*Var ska vi träffas?* Wo treffen wir uns?
varifrån?	von wo?, woher?	*Varifrån kommer hon?* Woher kommt sie?
vart?	wohin?	*Vart går han?* Wohin geht er?
varför?	warum?	*Varför gjorde du det?* Warum hast du das gemacht?
när?	wann?	*När kommer hon?* Wann kommt sie?
hur?	wie?	*Hur mycket kostar en vanlig brun häst?* Wie viel kostet ein gewöhnliches braunes Pferd?

Übungen

1. Entscheiden Sie, welches Lokaladverb in welchen Satz gehört.

a) *hemma* b) *hem* c) *bort* d) *där* e) *dit* f) *hit* g) *inne* h) *ute* i) *uppför*

1. Hon kommer ________________ imorgon.
2. Apoteket är ________________ till höger.
3. Är det långt ________________?
4. Det är kallare ________________ än ________________.
5. Jag är ________________ i kväll.
6. Jag åker ________________ imorgon.
7. Jag åker ________________ över helgen.
8. Eva gick försiktigt ________________ trappan.

2. Übersetzen Sie.

1. Es ist kalt draußen. Ich gehe jetzt hinein.
2. Drinnen in der Wohnung ist es warm.
3. Eva spielt draußen.
4. Es schneit oben in den Alpen.
5. Wann sind wir in Lund / da?
6. Sie saß oben im Turm.
7. Man kann das unten links sehen.
8. Komm sofort hierher!
9. Das kommt niemals in Frage!
10. Meine Mutter arbeitete immer mit Lust und Liebe.
11. Der Verkehr stockt selten auf den schwedischen Autobahnen.
12. Für ein Jahr wohnte ich zu Hause bei meinen Eltern.
13. Es ging so früh keine Fähre.
14. Er kam zu spät zum Bus.
15. Er studiert immer noch.

Vokabelhilfe

Wohnung	*lägenhet, lägenheten, lägenheter*
schneien	*snöa, snöar, snöade, snöat*
Turm	*torn, tornet, torn*
links	*vänster*
Fähre	*färja, färjan, färjor*
studieren	*studera, studerar, studerade, studerat*

3. Wie muss es richtig heißen?

1. Benet mår ________________ av den här övningen.
   a) *god* b) *bra*

2. Han kommer ________________ klockan 5.
   a) *exakt* b) *precis*

3. Ordböcker är ________________ dyra.
   a) *ganska* b) *ganskt*

4. Han kom för ________________ till tåget.
   a) *sent* b) *sen*

5. Det finns ________________ att prata om.
   a) *många* b) *mycket*

6. Henning Mankells romaner är ________________ samhällskritiska.
   a) *ganskt* b) *ganska*

7. WC finns tyvärr ________________ i stugan.
   a) *inte* b) *ingen*

4. Übersetzen Sie.

1. Er sprach sehr gut Schwedisch.
2. Das war nicht der Rede wert. (wörtl. = Das war so wenig.)
3. Musst du auch Geld abheben?
4. Man sieht nicht eine Wolke am Himmel.
5. Feuermachen ist nicht erlaubt.
6. Das macht die Sache nur schlimmer.
7. Das hatte ich ganz vergessen.

Vokabelhilfe

abheben	*ta, tar, tog, tagit*
Geld abheben	*ta ut pengar*
Wolke	*moln, molnet, moln*
Himmel	*himmel, himlen, himlar*
Feuer	*eld, elden, eldar*
erlaubt	*tillåten, tillåtet, tillåtna*
schlimm	*dålig, värre, värst*
vergessen	*glömma (bort) ngt., glömmer, glömde, glömt*

5. Setzen Sie in die folgenden Sätze die passenden Interrogativadverbien ein.

a) *Hur*
b) *När*
c) *Var*
d) *Varifrån*
e) *Vart*

1. ____________ börjar lektionen?
2. ____________ kommer vi till flygplatsen?
3. ____________ många år har du varit anställd där?
4. ____________ är mina glasögon?
5. ____________ går den här vägen?
6. ____________ slutar du skolan idag?
7. ____________ kommer du?

6. Füllen Sie die Lücken mit dem passenden schwedischen Wort.

1. Det regnar ____________________ (*weiterhin*).
2. Han kommer ____________________ (*sofort*).
3. Jag var ____________________ (*zuerst*) på banken och ____________________ (*danach*) på posten.
4. Kommer älgar ____________________ (*selten*)?
5. Siv lade sig ____________________ (*früh*) igår kväll.

7. Setzen Sie das richtige Fragewort ein.

1. ______________ slutar konferensen?
2. ______________ talar tyska här?
3. ______________ kommer du?
4. ______________ mycket är klockan?
5. ______________ kommer han för sent?
6. ______________ lagar du mat?
7. ______________ mår din mor?

8. Übersetzen Sie.

1. Wo wohnt er?
2. Wohin geht sie?
3. Wann kann man in Schweden in Pension gehen?
4. Wie muss ich das Medikament einnehmen?
5. Wann hörst du auf zu arbeiten?
6. Wie soll das enden?
7. Wie lange wohnst du schon hier?
8. Woher kommt das Flugzeug?
9. Warum bist du in Schweden?
10. Was ist das?
11. Wie heißt das auf Schwedisch?
12. Was hast du für einen Beruf?

Vokabelhilfe

Pension	*pension, pensionen, pensioner*
Medikament	*medicin, medicinen, mediciner*
aufhören, enden	*sluta, slutar, slutade, slutat*
Flugzeug	*(flyg)plan, (flyg)planet, (flyg)plan*
Beruf	*yrke, yrket, yrken*

6 Die Steigerung der Adverbien

Eine Steigerung ist nur von wenigen Adverbien möglich. Einige Adverbien, die von Adjektiven abgeleitet sind, können jedoch wie diese gesteigert werden. Dabei fällt bei jenen Adverbien, die aus dem Utrum des Adjektivs + -t gebildet wurden, im Komparativ und Superlativ das -t weg:

Positiv		Komparativ		Superlativ	
sent	spät	*senare*	später	*senast*	am spätesten

Andere, meist ursprüngliche Adverbien können ebenfalls gesteigert werden:

Positiv		Komparativ		Superlativ	
bra (väl)	gut	*bättre*	besser	*bäst*	am besten
fort	schnell	*fortare*	schneller	*fortast*	am schnellsten
gärna	gern(e)	*hellre*	lieber	*helst*	am liebsten
illa	schlecht	*sämre*	schlechter	*sämst*	am schlechtesten
länge	lange	*längre*	länger	*längst*	am längsten
lite	wenig	*mindre*	weniger	*minst*	am wenigsten
mycket	viel	*mer*	mehr	*mest*	am meisten
nära	nah	*närmare*	näher	*närmast*	am nächsten
ofta	oft	*oftare*	öfter	*oftast*	am öftesten

Übungen

1. In diese Sätze haben sich einige Fehler eingeschlichen. Korrigieren Sie sie.

1. Vi träffas tidigst nästa år.

   ____.

2. Vilket hus tycker du best om?

   ____?

3. Min mor hör sämre som min far.

   ____.

4. Johan tjänar mest än sin syster Hanna.

   ____.

2. Übersetzen Sie.

1. Ich kann nicht länger warten.
2. Das Essen schmeckte gut und das Eis schmeckte noch besser, aber am besten schmeckte das Bier.
3. Der Autofahrer fuhr zu schnell. Aber die Polizei fuhr noch schneller.
4. Ich esse am liebsten geräucherten Lachs.
5. Ich esse oft Hering und Kartoffeln.
6. Welcher Planet ist der Erde am nächsten?
7. Er wird am schlechtesten bezahlt.
8. Bezahlst du ein wenig mehr, erhältst du bessere Qualität.

Vokabelhilfe

warten	*vänta, väntar, väntade, väntat*
Essen	*mat, maten, –*
schmecken	*smaka, smakar, smakade, smakat*
geräuchert	*rökt*
Hering	*sill, sillen, sillar*
Kartoffel	*potatis, potatisen, potatisar*
Planet	*planet, -en, -er*
bezahlen	*betala, betalar, betalade, betalat*
Qualität	*kvalitet, kvaliteten, kvaliteter*

3. Füllen Sie die Lücken aus.

1. *Johan liest besser als sein Bruder.*
   Johan läser ____________________ än sin bror.

2. *Göran arbeitet am wenigsten und redet am meisten.*
   Göran arbetar ____________________ och pratar ____________________.

3. *Lisa kam spät nach Hause, Marion kam später nach Hause und Ingmarie kam am spätesten nach Hause.*
   Lisa kom hem ____________________, Marion kom hem ____________________ och Ingmarie kom hem ____________________.

4. *Ich trinke gerne Wasser, aber lieber Saft und am liebsten Tee.*
   Jag dricker ____________________ vatten, men ____________________ juice och ____________________ te.

7 Personalpronomen

Wie im Deutschen unterscheidet man die Personalpronomen (= persönliche Fürwörter) im Schwedischen nach Person (1., 2., 3.) und Numerus (Singular, Plural). Im Gegensatz zum Deutschen, das verschiedene Personalpronomen für Nominativ, Genitiv, Dativ und Akkusativ verwendet (das Genitiv-Pronomen ist mittlerweile ungebräuchlich), gibt es im Schwedischen nur die Subjekt- (= Nominativ) und die Objektform (= Dativ / Akkusativ). Es wird also grundsätzlich nicht zwischen Dativ und Akkusativ differenziert!

		Subjektform		Objektform	
Singular	1.	*jag*	ich	*mig* *Läkaren tog ett blodprov på mig.*	mir, mich Der Arzt nahm eine Blutprobe von mir.
	2.	*du*	du	*dig* *Har du anmält dig till nästa kurs?*	dir, dich Hast du dich für den nächsten Kurs angemeldet?
		Ni	Sie (Höflichk.)	*Er*	Ihnen, Sie
	3.	*han*	er (Personen)	*honom* *De körde honom hem.*	ihm, ihn Sie fuhren ihn nach Hause.
		hon	sie (Personen)	*henne* *Är han förlovad med henne?*	ihr, sie Ist er mit ihr verlobt?
		den	er, sie, es (*en*-Wörter)	*den*	ihm, ihn, ihr, sie, es
		det	er, sie, es (*ett*-Wörter)	*det* *Han löste problemet.* *Han löste det.*	ihm, ihn, ihr, sie, es Er löste das Problem. Er löste es.
				sig	sich (reflexiv)

Bei der Wahl des Pronomens für die 3. Person Singular ist zu beachten, dass han und hon (*er* und *sie*) ausschließlich für Personen oder dem Menschen nahestehende Haustiere gebraucht werden können. Bei allen anderen Gegenständen, Begriffen oder Sachverhalten sind entweder den (für Utra) oder det (für Neutra) zu wählen. Det kann zudem bei Neutra verwendet werden, die eine Person bezeichnen, deren Genus unbekannt bzw. irrelevant ist, z.B. *syskon, barn.*

		Subjektform		Objektform	
Plural	1.	*vi*	wir	*oss* *Vi kände oss trötta.*	uns Wir fühlten uns müde.
	2.	*ni* *Ni*	ihr Sie	*er* *Har han skrivit till er?* *Er*	euch Hat er euch geschrieben? Sie, Ihnen
	3.	*de*	sie	*dem* *Jag kan inte hitta dem.*	sie, ihnen Ich kann sie nicht finden.
				sig	sich (reflexiv)

Die Reflexivpronomen der einzelnen Personen sind mig, dig, sig, oss, er, sig.

Die Höflichkeitsform ist, wie im Deutschen, in Singular und Plural identisch. Zu bedenken ist allerdings, dass diese in Schweden seit der offiziellen »Du-Reform« in den späten 1960er-Jahren kaum benutzt wird. Bis auf wenige Ausnahmefälle (Anrede der Königsfamilie, betonte Höflichkeit in Gastronomie und Hotellerie) duzt man sich und nennt sich beim Vornamen.

Übungen

1. Setzen Sie das richtige Personalpronomen ein.

1. Marion dricker te. ______ dricker te.
2. Min fru skrev ett brev. ______ skrev ett brev.
3. Johan talar svenska. ______ talar svenska.
4. Vad gör min mor där? Vad gör ______ där?
5. Vad gör Nils och Siv? Vad gör ______?
6. Pojken spelar på vägen. ______ spelar på vägen.
7. Var kommer Nils och Siv ifrån? ______ kommer från Tyskland.
8. Marta och Lena, varifrån kommer ______?
   ______ kommer från Polen.

2. Ersetzen Sie die kursiven Teile durch das passende Personalpronomen.

1. *Mor* tror de säljer glass i kiosken.
   ______ tror de säljer glass i kiosken.
2. *Mannen* köpte några starköl i Systembolaget.
   ______ köpte några starköl i Systembolaget.
3. *Familjen* åker till Halmstad för att handla.
   ______ åker till Halmstad för att handla.
4. *Min syster* är försäljare.
   ______ är försäljare.

5. *Företaget* köper och säljer gamla bilar.
   ______________ köper och säljer gamla bilar.
6. *Potatisarna* är inte dyrare i Sverige än i Tyskland.
   ______________ är inte dyrare i Sverige än i Tyskland.
7. *Min fru och jag* köpte två backar öl.
   ______________ köpte två backar öl.
8. *Paketet* är tungt.
   ______________ är tungt.
9. *Min bror* kan inte hitta *kyrkan och biblioteket.*
   ______________ kan inte hitta ______________.
10. *Läraren* skulle bara vilja köpa en bok.
   ______________ skulle bara vilja köpa en bok.

3. Setzen Sie *mig, dig, honom* oder *henne* ein.

1. Jag är hemma idag. Var snäll och ring till ______________.
2. Jag vill följa med dig. Väntar du på ______________?
3. Hon heter Siv. Nils är gift med ______________.
4. Marion står bredvid Hans. Han talar med ______________.
5. Är du hemma i kväll? Jag ringer till ______________.
6. Jag ser Myriam och Hans. Myriam pratar med ______________.

4. Übersetzen Sie.

1. Gibt es Post für mich?
2. Kannst du mir ein Fax schicken?
3. Ich bitte dich um einen Gefallen.
4. Jeder Redner muss deutlich sprechen, sodass alle ihn verstehen können.
5. Handtücher gibt es im Bad.
6. Mutter las jeden Abend ein Märchen für uns vor.
7. Wir wünschen euch ein gutes neues Jahr!
8. Sie geben ihnen Äpfel.

<u>Vokabelhilfe</u>

schicken	*skicka, skickar, skickade, skickat*
bitten	*be, ber, bad, bett*
Gefallen	*tjänst, tjänsten, tjänster*
Redner	*talare, talaren, talare*
verstehen	*förstå, förstår, förstod, förstått*
Handtuch	*handduk, handduken, handdukar*
Märchen	*saga, sagan, sagor*

8 Possessivpronomen

Possessivpronomen geben Auskunft über Besitzverhältnisse. Da sie adjektivisch verwendet werden, unterscheiden auch sie (in der 1. und 2. Person Singular und Plural, zur 3. Person siehe den folgenden Abschnitt) zwischen Utrum und Neutrum – wie die starken Adjektive. Dementsprechend behält das Possessivpronomen auch bei prädikativem Gebrauch die (in Genus und Numerus) an sein Bezugswort angeglichene Form bei (*Huset är mitt.*).

In attributiver Stellung steht das jeweilige Bezugswort im Schwedischen immer in unbestimmter Form, ohne angehängten bestimmten Artikel, wiederum den Regeln des starken Adjektivs folgend.

Die 1. und 2. Person Singular und Plural

		Utrum	Neutrum	Plural
Singular	*jag*	*min* mein(e/s) *min fru* meine Frau	*mitt* mein(e/s) *mitt hus* mein Haus	*mina* meine *mina hästar* meine Pferde
	du	*din* dein(e/s)	*ditt* dein(e/s)	*dina* deine
Plural	*vi*	*vår* unser(e/s)	*vårt* unser(e/s)	*våra* unsere
	ni	*er* euer/eure(s)	*ert* euer/eure(s)	*era* eure

Substantivierte Possessivpronomen:

de mina / de dina — die Meinen / die Deinen
de sina / de våra — die Seinen, die Ihren / die Unseren

Die 3. Person Singular/ Plural

Das schwedische Possessivpronomen der dritten Person Singular und Plural hat jeweils zwei Grundformen, da es eine Differenzierung hinsichtlich der Reflexivität trifft, die es in der deutschen Sprache so nicht gibt. Wenn der Besitzer gleichzeitig Subjekt des Satzes ist, lautet das (»reflexive«) Possessivpronomen *sin*, *sitt* oder *sina* – im Deutschen wäre diese Information lediglich durch den Zusatz »eigene/n/s« auszudrücken. Wenn aber Subjekt und Besitzer nicht dieselbe Person sind, werden die »nicht-reflexiven« Possessivpronomen *hans*, *hennes* und *dess* angewandt.

Je nach Wahl des reflexiven oder nicht-reflexiven Possessivpronomens ändert sich also die Bedeutung eines Satzes.

Zu beachten ist, dass *sin*, *sitt* und *sina* niemals im Subjekt stehen können! Sie beziehen sich zwar stets auf das Subjekt des jeweiligen Satzes (auch eines Nebensatzes), stehen aber ausschließlich im Objekt.

Seine Frau war Lehrerin.	Hans fru var lärare. falsch: ~~Sin~~ fru....
Siv und ihre Schüler sind zu Besuch.	Siv och hennes elever är på besök. falsch: Siv och ~~sina...~~

3. Person Singular/ Plural:
Besitzer ≠ Subjekt des Satzes (= nicht-reflexive Possessivpronomen)

Die nicht-reflexiven Formen sind für alle Genera und Numera (des Besitzes) gleich und richten sich nicht nach dem dazugehörigen Substantiv. Stattdessen sind sie abhängig von Genus und Numerus der besitzenden Person:

Hans bil är ny.	Sein Auto ist neu.
Hennes bil är gammal.	Ihr Auto ist alt.
Deras bil är ny.	Ihr (Pl.) Auto ist neu.

		Utrum	Neutrum	Plural
Singular	*han*	*hans* *hans bok* sein Buch	*hans* *hans hus* sein Haus	*hans* *hans böcker* seine Bücher
	hon	*hennes*	*hennes*	*hennes*
	den / det	*dess* *Katten har en svans. Dess färg är brun.* Die Katze hat einen Schwanz. Dessen Farbe ist braun.	*dess* *Vi köpte ett hus. Dess färg är röd.* Wir kauften ein Haus. Dessen Farbe ist rot.	*dess* *Hösten – dess färger är underbara.* Der Herbst – seine Farben sind wunderbar / dessen Farben wunderbar sind.
Plural	*de*	*deras*	*deras*	*deras*

3. Person Singular/ Plural:
Besitzer = Subjekt des Satzes (= reflexive Possessivpronomen)

Wenn der Besitzer zugleich Subjekt des Satzes ist, lauten die Possessivpronomen für die 3. Person wie folgt. Sie richten sich wie die nicht-reflexiven Possessivpronomen der 1. und 2. Personen in Genus und Numerus stets nach dem Besitz, d.h. nach dem dazugehörigen Substantiv:

Utrum	Neutrum	Plural
sin *sin bil* sein / ihr Auto	*sitt* *sitt hus* sein / ihr Haus	*sina* *sina tidningar* seine / ihre Zeitungen

Vergleich zwischen nicht-reflexivem und reflexivem Possessivpronomen

Besitzer ≠ Subjekt des Satzes	Besitzer = Subjekt des Satzes
Sven tar hans hatt. Sven nimmt seinen Hut. Das Wort *hatt* bezieht sich nicht auf das Subjekt (Sven). Sven ist nicht der Besitzer des Hutes. Dieser gehört einer anderen Person.	*Sven tar sin hatt.* Sven nimmt seinen Hut. Das Wort *hatt* bezieht sich auf das Subjekt (Sven). Sven ist der Besitzer des Hutes.
Rune har en fru. Olaf dansade hela natten med hans fru. Rune hat eine Frau. Olaf tanzte die ganze Nacht mit seiner (d.h. mit Runes) Frau.	*Hans dansade hela natten med sin fru.* Hans tanzte die ganze Nacht mit seiner (eigenen) Frau.

Übungen

1. Füllen Sie die Lücken mit *sin* oder*sina*.

1. Alla turister väntar på ____________________ bussar.
2. Sven använder ____________________ bil.
3. Hotellet väntar på ____________________ sommargäster.
4. Tanum är berömd för ____________________ hällristningar.
5. Barnet väntar på ____________________ syskon.

2. In den folgenden Sätzen haben sich Fehler eingeschlichen. Finden Sie sie?

1. Finn är min barn.
2. Vad heter er barn?
3. Det är min hus.
4. Bilen är mitt.
5. Var bor ditt bror?
6. Hans är mitt son.
7. Sin son är fem år gammal.
8. Läraren väntar på sin elever.
9. Han är berömd för hans böcker.

3. Setzen Sie die richtige Form des Possessivpronomens ein.

1. Vi letade efter stenar till ____________________ (*mein*) hus.
2. Båda ____________________ (*seine*) föräldrar var lärare i tyska.
3. ____________________ (*Ihr*) bror var politiker.
4. ____________________ (*Unsere*) döttrar är vuxna.
5. I vinter måste du ha ____________________ (*dein*) bil i ____________________ (*deiner*) garage.
6. Berätta om ____________________ (*deine*) planer!

4. Übersetzen Sie.

1. Johan wohnt in Värnamo. Am Wochenende fährt er in seine Sommerstuga in der Nähe von Lund.
2. Gunnar hat Freunde auf Öland. Im Sommer fährt er zu seinen Freunden.
3. Nils mag seine Frau (seine eigene).
4. Sven mag seine Frau (die eines anderen).
5. Lore und Hans haben ein Haus in Småland. Die Reisegruppe ist in ihrem Haus zu Besuch (d.h. in dem von Lore und Hans).
6. Sivs Schwester hat einen schwedischen Mann. Siv mag ihren Mann (d.h. den ihrer Schwester).
7. Evas Schwester und ihr Mann haben Kinder. Eva wird ihre Kinder (d.h. die ihrer Schwester) in Stockholm treffen.

Vokabelhilfe

Nähe	*närhet, närheten*
mögen	*tycka om* (Betonung auf »om«), *tycker, tyckte, tyckt*
treffen	*träffa, träffar, träffade, träffat*

5. *Sin, sitt* oder *sina*?

1. Han upplever ____________________ första kärlek.
2. Min mor syr alla ____________________ kläder själv.
3. Samerna bevarar ____________________ traditionella kulturformer.
4. Han var berömd på ____________________ tid.
5. Han är i ____________________ bästa år.
6. Barnen lekte med ____________________ nya leksaker.
7. Han fortsatte ____________________ resa.
8. Han lägger ____________________ näsa i blöt.
9. Han går in i ____________________ hus.
10. Goethe arbetade mycket i Weimar under ____________________ livstid.

6. Setzen Sie in dieser kleinen Geschichte statt der deutschen die schwedischen Possessivpronomen ein.

I _______________ (*unserem*) skog bor en grävling. Han är _______________ (*unser*) grävling. _______________ (*Unser*) grävling håller _______________ (*seine*) grävlingsgryt, _______________ (*sein*) bo, mycket rent. För _______________ (*unseren*) grävling är det mycket viktigt att _______________ (*sein*) hem är rent. En kväll iakttar vi en räv. Jag vet att räven är ett klokt djur, men _______________ (*seine*) tassar är inte ägnade för att gräva en rävlya. _______________ (*Unser*) grävling observerar räven. Räven inspekterar _______________ (*seine*) gryt. Och slutligen stannar han. Båda djuren bor nu sedan ett par veckor tillbaka i _______________ (*ihrer*) håla tillsammans. _______________ (*Unsere*) vänner som besöker oss frågar: »Måste vi betala inträde till _______________ (*euren*) djurpark nu?« _______________ (*Unser*) räv är tyvärr inte så renlig som _______________ (*sein*) kamrat önskar. Därför flyttar kamraten ut ur boet. Räven lever nu själv i _______________ (*seiner*) bo.

9 Demonstrativpronomen

Demonstrativpronomen (= hinweisende Fürwörter) weisen im Redezusammenhang auf etwas zuvor oder danach Genanntes hin. Wie im Deutschen können die schwedischen Demonstrativpronomen attributiv und alleinstehend verwendet werden.

Sie richten sich in Genus und Numerus nach dem dazugehörigen Substantiv.

1. *Den här, denna* und *den där*

Die Demonstrativpronomen *den här* etc. und *denna* etc. unterscheiden sich nicht in ihrer Bedeutung, sondern in Grammatik (das jeweilige Bezugswort steht nach *den här* in bestimmter Form, nach *denna* in unbestimmter Form) und Gebrauch (*den här* ist eher umgangssprachlich, *denna* wird schriftsprachlich und in einigen Dialekten benutzt).

Utrum	Neutrum	Plural
den här (dieser, dieses, diese) *Den här bilen är min.* Dieses Auto ist meins.	*det här* (dieser, dieses, diese) *Vi bor i det här huset.* Wir leben in diesem Haus.	*de här* (diese) *Är det pant på de här burkarna?* Gibt es Pfand auf diese Dosen?
denna / denne (dieser, dieses, diese) *Denna bil är min.* Dieses Auto ist meins.	*detta* (dieser, dieses, diese) *Vi bor i detta hus.* Wir leben in diesem Haus.	*dessa* (diese) *Är det pant på dessa burkar?* Gibt es Pfand auf diese Dosen?

Für weiter entfernte Gegenstände und Personen werden *den där*, *det där* und *de där* (jene, jener, jenes) eingesetzt.

Kan jag få den där boken? Kann ich das Buch da (hinten) / jenes Buch bekommen?
Min fru vill inte ha de här, men de där. Meine Frau will nicht diese, sondern jene.

2. Die freistehenden Artikel *den, det, de* und *dem* als Demonstrativpronomen

Wie im Deutschen können auch die bestimmten Artikel demonstrativen Charakter haben, indem man sie betont. Da der bestimmte Artikel im Schwedischen an das Substantiv angehängt wird, greift man für das Demonstrativpronomen auf den Adjektivartikel zurück – obwohl in diesem Fall kein Adjektiv vorhanden sein muss.

Im Plural gilt es, aufzupassen, ob das Pronomen 1. selbstständig (also ohne Bezugswort) und 2. Subjekt oder Objekt ist: Steht es allein und als Objekt, ist das seltene *dem* die richtige Form.

Utrum	Neutrum	Plural
den (der, die, das als Subjekt, den, die, das als Objekt) *Hon sade: »Den mannen vill jag ha!«* Sie sagte: »<u>Den</u> (betont) Mann will ich haben!«	*det* (der, die, das als Subj., den, die, das als Obj.) *Det huset vill vi köpa.* <u>Das</u> (betont) Haus wollen wir kaufen.	*de, dem* (die) *Dem tycker jag om.* <u>Die</u> (betont) mag ich.

3. *Sådan, sådant* und *sådana*

Die Demonstrativpronomen *(en) sådan, (ett) sådant* und *sådana* (ein solche/r/s) können attributiv, prädikativ oder selbstständig gebraucht werden. Sie stehen im Singular mit unbestimmtem Artikel und der starken Adjektivform, im Plural ohne Artikel und in der schwachen Adjektivform. Umgangssprachlich werden oft die Kurzformen *sån, sånt, såna* verwendet.

en så(dan) härlig dag	so(lch) ein schöner Tag
Är du en sådan som ...?	Bist du so(lch) einer, der ...?
ett sådant vackert leende	ein so(lch) schönes Lächeln
Sånt är livet.	So ist das Leben (wörtl. = Solch eines ist ...).
Med sådana vänner behövs inga fiender.	Mit solchen Freunden braucht man keine Feinde (wörtl. = werden keine F. gebraucht).

4. *Samma*

Samma wird ausschließlich attributiv und ohne Artikel verwendet. Es ist unveränderlich, die deutsche Unterscheidung in dasselbe / das gleiche gibt es im Schwedischen nicht. Folgt auf *samma* ein Adjektiv, steht es in der bestimmten, also schwachen Form. *Densamma, detsamma* und *desamma* werden nur als allein stehende Satzglieder verwendet.

Utrum	Neutrum	Plural
samma (der-, die-, dasselbe) *Två själar, samma tanke.* Zwei Seelen, ein Gedanke.	*samma* (der-, die-, dasselbe) *under samma tak* unter demselben Dach	*samma* (dieselben) *samma långa ansikten* (die) gleiche(n) lange(n) Gesichter
densamma *Världen blev aldrig mer densamma.* Die Welt wurde nie wieder, wie sie war (wörtl.= dieselbe).	*detsamma* *Tack detsamma!* Danke gleichfalls!	*desamma* *Diskussionerna är alltid desamma.* Die Diskussionen sind immer dieselben.

Übungen

1. Entscheiden Sie: *de här* oder *det här*?

1. Hur länge har han haft ___________________ besvären?
2. Du måste se ___________________ programmet på tv idag.
3. Man tjänar inte mycket i ___________________ jobbet.
4. Är ___________________ tvättmedlet bra till den vita klänningen?
5. Jag blir inte klok på ___________________.
6. ___________________ kostade fyrtio öre när jag gick i skolan.
7. Vad kostar ___________________ frimärket?
8. Har du skrivit ___________________ brevet?
9. ___________________ är mina systrar Siv och Lisa.

2. Übersetzen Sie.

1. Dieses Buch will ich lesen.
2. Wir hatten die gleichen Schwierigkeiten.
3. Die Bücher sind die gleichen.
4. Wir haben die gleiche Wohnung.
5. Die Adresse ist dieselbe.
6. Wie heißt diese Pflanze?
7. Den (diesen) Film habe ich nicht gesehen.

Vokabelhilfe

Schwierigkeit	*svårighet, svårigheten, svårigheter*
Pflanze	*växt, växten, växter*

10 Weitere Pronomen

a | Die Relativpronomen *som, vars* und *där*

Relativpronomen (= bezügliche Fürwörter) leiten Nebensätze zu Personen oder Sachbezeichnungen ein. Im Gegensatz zum Deutschen sind die Relativpronomen im Schwedischen für Utra und Neutra im Singular und Plural gleich.

Anders als im Deutschen, wo ein Relativsatz durch Kommas vom Hauptsatz abgetrennt werden muss, gilt im Schwedischen tydlighetskommateringen. Das heißt, es wird nur ein Komma gesetzt, wenn dieses der Deutlichkeit beziehungsweise dem leichteren Verständnis des Satzes dient! Die schwedische Kommasetzung ist somit bis zu einem gewissen Grad Geschmackssache.

Som ist unveränderlich und wird bei Personen und Gegenständen verwendet:

Flickan som sitter där är vacker.	Das Mädchen, das dort sitzt, ist schön.
De barn som jag redan gett biljetter kan gå.	Die Kinder, denen ich schon Karten gegeben habe, können gehen.
Teatern som du ser där är nybyggd.	Das Theater, das du dort siehst, ist neu.

Wenn das Relativpronomen nicht Subjekt des Satzes ist, kann es im Schwedischen auch weggelassen werden:

Pojken hittade nyckeln (som) Lars hade tappat.	Der Junge fand den Schlüssel, den Lars verloren hatte.

Das ebenfalls unveränderliche Relativpronomen ***vars*** ist die Genitivform von *som* und wird im Singular sowie im Plural umgangssprachlich für *vilkas* gebraucht:

Damen, vars hund skäller hela dagen, är stendöv.	Die Dame, deren Hund den ganzen Tag bellt, ist stocktaub.
Familjen, i vars (vilkas) hus vi bor, kommer snart tillbaka.	Die Familie, in deren Haus wir wohnen, kommt bald zurück.

Formeller und hauptsächlich in der gehobenen Schriftsprache zu finden sind *vilken, vilket* und *vilka*, die ihren Genitiv mit einem angehängten -s bilden und sich in Genus und Numerus ihrem Bezugswort anpassen.

Där wird bei Ortsbezeichnungen verwendet:

Det är platsen, där jag lekte som barn.	Das ist der Platz, wo ich als Kind spielte.
Vi åker till Stockholm, där vi ska besöka Vasamuseet.	Wir fahren nach Stockholm, wo wir das Vasamuseum besuchen wollen.

b | Indefinitpronomen

Indefinitpronomen (= unbestimmte Fürwörter) stehen für Personen, Gegenstände oder Sachverhalte, die nach Art und Anzahl nicht näher bestimmt sind. Sie richten sich in Genus und Numerus ebenfalls nach dem dazugehörigen Substantiv.

Utrum	Neutrum	Plural	Deutsch
all *All möda var förgäves.* Alle Mühe war vergebens.	*allt* *Han åt upp allt bröd.* Er aß das ganze Brot auf.	*alla* *Hon diskade alla koppar.* Sie wusch alle Tassen ab.	alle, alles
annan *En annan tid, ett annat liv* Eine andere Zeit, ein anderes Leben	*annat* *Har ni inte något annat frimärke?* Habt ihr keine andere Briefmarke?	*andra* *De andra husvagnarna står där till vänster.* Die anderen Wohnwagen stehen dort links.	anderer, andere, anderes
ingen *Jag har ingen bil.* Ich habe kein Auto.	*inget, ingenting* *Det är inget nytt.* Das ist nichts Neues.	*inga* *Jag har inga pengar med mig.* Ich habe kein Geld bei mir.	keiner, keine, keines, nichts
någon *Har du någon hundrakronorssedel?* Hast du einen Hundertkronenschein?	*något* *Behöver vi handla något idag?* Müssen wir heute irgendetwas einkaufen?	*några* *Har du några syskon?* Hast du Geschwister?	irgendein, etwas, irgendwelche, einige
var *var femte dag* jeder fünfte Tag/ an jedem fünften Tag/ alle fünf Tage (ugs.)	*vart* *Vart fjärde år är det val i Sverige.* Jedes vierte Jahr ist in Schweden Wahl.	–	jeder, jede, jedes
varannan *Varannan vecka kör jag till Sverige.* Jede zweite Woche fahre ich nach Schweden.	*vartannat* *Vartannat år reser vi till Amerika.* Jedes zweite Jahr reisen wir nach Amerika.	–	jeder, jede, jedes zweite

–	–	*varandra* *De träffar varandra varje dag.* Sie treffen einander jeden Tag.	einander
varje *Varje gång du möter min blick, …* Jedes Mal, wenn sich unsere Blicke treffen, …	*varje* *Varje barn är unikt.* Jedes Kind ist einzigartig.	–	jeder, jede, jedes

Die Pronomen *någon* / *något* / *några* bedeuten, wenn sie allein stehen, oft »jemand«, »etwas« oder »einige«. Beachten Sie die Verneinung:

inte någon = ingen	keiner, keine, keines, nichts
inte något = inget	
inte några = inga	

Jag har inte någon katt. = Jag har ingen katt. Ich habe keine Katze.

Die Kurzformen *ingen*, *inget* und *inga* können zumeist (sowohl in Haupt- als auch Nebensätzen) nur als Subjekt oder Teil des Subjekts stehen. Ausnahmen sind Hauptsätze mit einfachem Prädikat, in denen sich *ingen*, *inget* und *inga* auch als Objekt finden (siehe Bsp. oben oder *Det finns inte någon / ingen bot mot kärleken.* »Es gibt kein Mittel gegen die Liebe.«).

In Nebensätzen als Objekt, in Hauptsätzen mit zusammengesetztem Prädikat (*har … köpt, ska … köpa*) als Objekt oder ganz allgemein in Infinitivkonstruktionen können ausschließlich die langen Formen *inte någon*, *inte något*, *inte några* stehen!

Das Indefinitpronomen *man*

Subjekt	*man*	man
Objekt	*en*	einem, einen
Genitiv	*ens*	eines

Im Schwedischen kommt das Pronomen *man* häufiger vor als im Deutschen. Zum einen wird es benutzt wie im Deutschen, als Alternative zu Passiv-Konstruktionen, wenn das Subjekt unbekannt oder unwesentlich ist. Zum anderen begegnet einem *man* in der schwedischen Umgangssprache oftmals anstelle von Personalpronomen (besonders dem der 1. Person Singular: *jag*).

c | Interrogativpronomen

Interrogativpronomen (= Fragefürwörter) dienen dazu, nach Personen oder Sachen bzw. nach Merkmalen von Personen oder Sachen zu fragen.

Pronomen		Beispielsatz	
vem?	wer?	*Vem är det?*	Wer ist das?
	wen?	*Vem menar du?*	Wen meinst du?
vems?	wessen?	*Vems bok är det?*	Wessen Buch ist das?
vad?	was?	*Vad är det?*	Was ist das?
		Vad heter du?	Wie heißt du?*
*vilken?***	welcher?	*Vilken dag är det idag?*	Welchen Tag haben wir heute?
vilket?	welches?	*Vilket datum är det idag?*	Welches Datum haben wir heute?
vilka?	welche?	*Vilka tidningar läser du?*	Welche Zeitungen liest du?
		vilken av …	welcher von …

* vad in der Bedeutung »wie« steht nur zusammen mit den Verben *heta* und *kalla*.
** vilken = vad för: *Vilket yrke har han? = Vad för yrke har han?* (Welchen Beruf hat er?)

Übungen

1. Übersetzen Sie.

1. Jeden dritten Sommer bin ich in Amerika.
2. Jede zweite Woche nehme ich das Auto nach Stockholm.
3. Jedes zweite Jahr mache ich Urlaub mit dem Wohnwagen.
4. Wir essen jeden Tag um 9 Uhr Frühstück.
5. Ich zeige dir alles, was ich besitze.
6. Ich gehe jeden Morgen ins Büro.
7. Alles spricht dafür, dass du Recht hast.
8. Sie hat keine eigene Wohnung.
9. Niemand fand mich.
10. Das spielt keine Rolle.
11. Ich habe keine Ahnung.
12. Rolf und Lore haben keine Kinder.

Vokabelhilfe

besitzen	*äga, äger, ägde, ägt*
Büro	*kontor, kontoret, kontor*
Ahnung	*aning, aningen, aningar*

2. Bilden Sie aus den zwei Sätzen jeweils einen Satz, indem Sie den zweiten als Relativsatz in den ersten Satz einbauen oder umgekehrt!

1. Där kommer tåget. Det går till Värnamo.
2. Skorna klämmer. Jag köpte dem förra vecka.
3. Pojken heter Nils. Jag pratade med honom.
4. Barnen har ledigt. Läraren är sjuk.
5. Jag pratade med några föräldrar. Barnen gick i samma klass.
6. Han visade mig rummet. Rummet var mycket stort.
7. Mannen är min granne. Du ser honom där borta.
8. Affären öppnar klockan tio. Vi köper ofta frukter i den affären.
9. Mannen bor i Helsingborg. Hans bil blev stulen.
10. Här är filmen. Jag hittade den hemma.

3. Übersetzen Sie.

1. Wir sehen einen Mann, der liest.
2. Wir sehen eine Frau, die spricht.
3. Wir sehen einige Menschen, die diskutieren.
4. Wir sehen ein Foto von einem Boot, das nach Nydala fährt.
5. Wir fahren nach Hamburg, wo wir den Hafen besichtigen wollen.
6. Wir gingen ins Kino, wo wir einen modernen Film sahen.
7. Das Mädchen, dessen Eltern geschieden sind, wohnt bei seinen Großeltern (bei den Eltern des Vaters).
8. Nils hat ein gebrauchtes Auto gekauft, dessen Motor (neu) in Stand gesetzt ist.
9. Der Mann, dessen Pass verschwunden war, war verzweifelt.
10. Die Jungen kauften einen Fotoapparat, dessen Preis heruntergesetzt war.

Vokabelhilfe

Mensch	*människa, -n, -or*
Hafen	*hamn, hamnen, hamnar*
geschieden	*skild, skilt*
Großeltern	*farföräldrar (Pl.)*
gebraucht, benutzt	*begagnad, begagnat*
(neu) in Stand gesetzt	*nyrenoverad, nyrenoverat*
verschwinden	*försvinna, försvinner, försvann, försvunnit*
verzweifelt	*förtvivlad, förtvivlat*
heruntersetzen	*nedsätta, nedsätter, nedsatte, nedsatt*

4. Setzen Sie das passende Indefinitpronomen ein.

1. Vi ska inte besöka ____________________ museum.
2. Finns det ____________________ museum i staden?
3. Många människor åker utomlands på semestern, ____________________ till Sverige.
4. Hon har ____________________ problem med bilen.
5. Eva behöver ____________________ present.
6. Gunnar visar resegruppen ____________________ bilder.

5. Übersetzen Sie.

1. Wie heißt das auf Schwedisch?
2. Wer steht dort?
3. Wer sagte das?
4. Wessen Auto ist das?
5. Wer von euch spricht Schwedisch?
6. Wer klopft an die Tür?
7. Womit (mit was) beschäftigst du dich jetzt?
8. Was studiert er?
9. Womit kann ich dir helfen?
10. Wessen Fehler ist das?
11. Welche Vorwahl(nummer) hat Stockholm?
12. Welchen Beruf hat sie?
13. Von welchem Bahnsteig geht der Zug?

Vokabelhilfe

klopfen	*knacka, knackar, knackade, knackat*
(sich) beschäftigen (mit)	*syssla, sysslar, sysslade, sysslat (med)*
Fehler	*fel, felet, fel*
Vorwahl(nummer)	*riktnummer, riktnumret, riktnummer*
Beruf	*yrke, yrket, yrken*
Bahnsteig	*spår, spåret, spår*

11 Präsens und Präteritum

Die vier Konjugationen

Schwedische Verben werden nicht hinsichtlich Person und Numerus unterschieden. Alle Personen haben also die gleiche finite Verbform (*jag målar, du målar, han målar, vi målar, ni målar, de målar*). Der Infinitiv endet bei mehrsilbigen Verben auf -a, bei einsilbigen Verben auf ihren betonten Stammvokal.

Die Präsensform eines schwedischen Verbs endet immer auf -r. Dieses wird entweder direkt an den Stamm angehängt oder mit einem vorangehenden -e- versehen, wenn der Stamm auf einen Konsonanten endet.

Im Präteritum (einfache Vergangenheit) wird zwischen schwachen und starken Verben unterschieden. Schwache Verben erhalten die Endung -de, -te oder -dde, während die starken Verben im Präteritum ohne Endung auskommen und stattdessen ihren Stammvokal verändern.

Sobald ein schwedischer Satz eine Zeitangabe in der Vergangenheit (*igår, förra året,* etc.) enthält, ist das Präteritum die einzige korrekte Zeit – es ist nicht, wie im Deutschen, mit dem Perfekt austauschbar!

Schwache Verben (= regelmäßige Verben)

Schwache Verben behalten in allen Formen den gleichen Stammvokal bei und bilden das Präteritum mithilfe einer Endung. Es werden drei Konjugationstypen unterschieden:

1. Konjugation: Verben, deren Stamm auf ein unbetontes -a endet und somit mit dem Infinitiv übereinstimmt, z.B. *arbeta*. Hierzu zählen die meisten schwedischen Verben.

2. Konjugation: Verben, deren Stamm der Infinitiv ohne -a ist und die im Präsens auf -er (im Partizip Perfekt auf -t) enden. Je nach dem jeweiligen Stammauslaut gibt es in dieser Konjugationsklasse zwei Untergruppen, die verschiedene Endungen im Präteritum haben. (Sonderfälle sind in der folgenden Tabelle aufgeführt und erklärt.)
   a) Der Verbstamm endet auf einen stimmhaften Konsonanten, z.B. *hänga* (Stamm: *häng*). Die Endung im Präteritum ist -te.
   b) Der Verbstamm endet auf einen stimmlosen Konsonanten, z.B. *tänka* (Stamm: *tänk*), die Präteritumendung ist -de.

3. Konjugation: einsilbige Verben, sog. »Kurzverben«, deren Stamm auf einen langen betonten Vokal endet und mit dem Infinitiv identisch ist, z.B. *sy*.

Konjugation 1	Infinitiv	Stamm	Präsens	Präteritum
Stamm = Infinitiv Präsens = Stamm + *r* Präteritum = Stamm + *de*	arbeta	arbeta	arbetar	arbetade
	argumentera	argumentera	argumenterar	argumenterade
	avsluta	avsluta	avslutar	avslutade
	berätta	berätta	berättar	berättade
	fiska	fiska	fiskar	fiskade
	måla	måla	målar	målade

Konjugation 2a	Infinitiv	Stamm	Präsens	Präteritum
(Stammauslaut stimmhaft) Stamm = Infinitiv ohne -a Präsens = Stamm + *er* Präteritum = Stamm + *de*	behöva	behöv	behöver	behövde
	bestämma	bestämm	bestämmer	bestämde
	hänga	häng	hänger	hängde
	stänga	stäng	stänger	stängde
Stammauslaut = Langvokal + -r oder -l → keine Präsensendung	köra	kör	kör	körde
	hyra	hyr	hyr	hyrde
Stammauslaut -nd → ~~d~~	tända	tänd	tänder	tände
Stammauslaut = Langvokal + -d oder -t → *dd* im Präteritum	råda	råd	råder	rådde
Inf.: kurzer Umlaut + -ja → ~~Umlaut~~ und ~~j~~ im Präteritum	välja	välj	väljer	valde

Konjugation 2b	Infinitiv	Stamm	Präsens	Präteritum
(Stammauslaut stimmlos, d.h. auf *f, s, p, t, k*) Stamm = Infinitiv ohne -a Präsens = Stamm + *er* Präteritum = Stamm + *te*	hjälpa	hjälp	hjälper	hjälpte
	köpa	köp	köper	köpte
	lyfta	lyft	lyfter	lyfte
	läsa	läs	läser	läste
	tänka	tänk	tänker	tänkte
Stammauslaut = Langvokal + -d oder -t → *tt* im Präteritum	möta	möt	möter	mötte

Konjugation 3	Infinitiv	Stamm	Präsens	Präteritum
Stamm = Infinitiv Präsens = Stamm + *r* Präteritum = Stamm + *dde*	bo	bo	bor	bodde
	må	må	mår	mådde
	sy	sy	syr	sydde
	tro	tro	tror	trodde

Starke und unregelmäßige Verben

Die vierte schwedische Konjugationsklasse umfasst die starken Verben, für die es nur einen Konjugationstyp gibt. Die Personalendung Präsens lautet -er bzw. -r, wenn das Verb einsilbig ist. Starke Verben behalten im Präsens den Stammvokal bei, ändern ihn aber in Präteritum und Supinum: *skriva – jag skriver – jag skrev – jag har skrivit* (Ausnahme: *komma* und *sova*). Sie haben stets eine ganz eigene, endungslose Präteritumform, die separat gelernt werden muss.

Während die starken Verben bestimmten Regeln folgen (einheitliche Endungen: Infinitiv -a, Präsens -er, Präteritum –, Supinum -it; Ablautbildung nach dem Muster i-e-i, i-a-u, u/y-ö-u), werden andere unten aufgeführte (oft Kurz-)Verben unregelmäßig gebildet.

Der Lernfreundlichkeit und Vollständigkeit zuliebe ist diese Liste um die Supinumform ergänzt, die erst im nächsten Kapitel vorgestellt wird.

Da die wichtigsten Hilfs- und Modalverben im Schwedischen (siehe »15 – Verben«) ebenfalls stark oder unregelmäßig gebildet werden, finden auch sie sich hier wieder.

Infinitiv	Präsens	Präteritum	Supinum	Übersetzung
be(dja)	ber	bad	bett	*bitten*
binda	binder	band	bundit	*binden*
bita	biter	bet	bitit	*beißen*
bjuda	bjuder	bjöd	bjudit	*anbieten*
bli(va)	blir	blev	blivit	*werden*
bryta	bryter	bröt	brutit	*brechen*
böra	bör	borde	bort	*sollen*
dra(ga)	drar	drog	dragit	*ziehen*
dricka	dricker	drack	druckit	*trinken*
duga	duger	dög	dugt	*taugen*
dö	dör	dog	dött	*sterben*
falla	faller	föll	fallit	*fallen*
fara	far	for	farit	*fahren*
finna	finner	fann	funnit	*finden*
finnas	finns	fanns	funnits	*da sein*
flyga	flyger	flög	flugit	*fliegen*
frysa	fryser	frös	frusit	*frieren*
få	får	fick	fått	*bekommen, dürfen*
försvinna	försvinner	försvann	försvunnit	*verschwinden*
ge	ger	gav	gett	*geben*

Infinitiv	Präsens	Präteritum	Supinum	Übersetzung
glädja	gläd(j)er	gladde	glatt	*freuen*
gråta	gråter	grät	gråtit	*weinen*
gå	går	gick	gått	*gehen*
göra	gör	gjorde	gjort	*machen, tun*
ha(va)	har	hade	haft	*haben*
heta	heter	hette	hetat	*heißen*
hinna	hinner	hann	hunnit	*schaffen*
hålla	håller	höll	hållit	*halten*
komma	kommer	kom	kommit	*kommen*
kunna	kan	kunde	kunnat	*können*
le	ler	log	lett	*lächeln*
lida	lider	led	lidit	*leiden*
ligga	ligger	låg	legat	*liegen*
ljuga	ljuger	ljög	ljugit	*lügen*
låta	låter	lät	låtit	*lassen*
lägga	lägger	la(de)	lagt	*legen*
njuta	njuter	njöt	njutit	*genießen*
rida	rider	red	ridit	*reiten*
ryka	ryker	rök/rykte	rykt	*rauchen (»es raucht«)*
se	ser	såg	sett	*sehen*
simma	simmer	sam/simmade	summit/simmat	*schwimmen*
sitta	sitter	satt	suttit	*sitzen*
sjunga	sjunger	sjöng	sjungit	*singen*
skilja	skiljer	skilde	skilt	*trennen*
skola	ska(ll)	skulle	skolat	*sollen*
skriva	skriver	skrev	skrivit	*schreiben*
slippa	slipper	slapp	sluppit	*nicht zu tun brauchen*
sluta	sluter	slöt	slutit	*schließen*
smörja	smörjer	smorde/smörjde	smort/smörjt	*(ein)schmieren*
sova	sover	sov	sovit	*schlafen*
spricka	spricker	sprack	spruckit	*zerspringen*
springa	springer	sprang	sprungit	*laufen*

Infinitiv	Präsens	Präteritum	Supinum	Übersetzung
stjäla	stjäl	stal	stulit	*stehlen*
stå	står	stod	stått	*stehen*
supa	super	söp	supit	*saufen*
säga	säger	sa(de)	sagt	*sagen*
sälja	säljer	sålde	sålt	*verkaufen*
sätta	sätter	satte	satt	*setzen*
ta(ga)	tar	tog	tagit	*nehmen*
töras	törs	tordes	torts	*wagen*
vara	är	var	varit	*sein*
veta	vet	visste	vetat	*wissen*
vilja	vill	ville	velat	*wollen*
vinna	vinner	vann	vunnit	*gewinnen*
välja	väljer	valde	valt	*wählen*
växa	växer	växte	vuxit	*wachsen*
äta	äter	åt	ätit	*essen*

Übungen

1. Tragen Sie das Verb in der richtigen Form ein.

1. Hon (*cykla*) ____________________ alltid till skolan.
2. Det (*kosta*) ____________________ hundra kronor.
3. Min mor (*laga*) ____________________ god mat.
4. Han (*titta*) ____________________ bara på teve hela dagen.
5. Vem var det du (*prata*) ____________________ med?
6. Behöver vi (*handla*) ____________________ något idag?
7. Jag går och (*fråga*) ____________________ i turistbyrån.
8. (*Svara*) ____________________ han på annonsen?
9. Vi tycker om att (*spela*) ____________________ schack.
10. Det (*snöa*) ____________________ i natt.

2. Welche Form ist richtig?

1. Vi _______________ till Sverige.
   a) *bila* c) *biler*
   b) *bil* d) *bilar*

2. Det går snabbt om du ____________ motorvägen från Trelleborg till Stockholm.
   a) *köra* c) *kör*
   b) *körer* d) *körar*

3. Tack för att du _______________ bilen.
   a) *laga* c) *lagat*
   b) *lagade* d) *lagar*

4. Verktyget _______________ i lådan.
   a) *ligga* c) *legat*
   b) *ligger* d) *liggar*

5. Var kan jag __________________ min bil?
   a) *parkera* c) *parkerar*
   b) *parka* d) *parkerade*

6. Ovännen _______________ inte.
   a) *sov* c) *sovar*
   b) *sover* d) *sova*

Vokabelhilfe

snabb, snabbt	*schnell*
laga, lagar, lagade, lagat	*ausbessern, flicken, reparieren; zubereiten (Essen)*
ligga, ligger, låg, legat	*liegen*
ovän, ovännen, ovänner	*Feind*

3. Übersetzen Sie.

sitzen oder *setzen (sitta* eller *sätta)*

1. Er sitzt auf dem Sessel.
2. Setz dich auf die rechte Seite.

stehen oder *stellen (stå* eller *ställa)*

3. Man stellt sich in die Reihe.
4. Er stand auf der Straße.

liegen oder *legen (ligga* eller *lägga)*

5. Er lag im Bett.
6. Er geht schlafen.

4. Tragen Sie jeweils die richtige Verbform ein.

regna

1. Det ________________ inte idag.
2. Jag tror att det ska ________________ idag.
3. Det är skönt om det inte ________________ imorgon.
4. Det ________________ inte igår.

öppna

1. ________________ affärerna inte idag?
2. Är du snäll och ________________?
3. Kan du ________________ den här flaskan?
4. De ________________ en ny Lidl affär där jag bor.

hitta

1. Vi ________________ varorna i hyllorna.
2. De ________________ inte utgången igår.
3. Vi ________________ en affär med billiga priser nu.
4. Mor hjälp, jag ________________ ingen skjorta!

skriva

1. Nästa månad ska jag ________________ på anställningskontraktet.
2. Eleverna ________________ en uppsats nu.
3. Selma Lagerlöf ________________ en läsebok.
4. Du måste ________________ under blanketten här.

5. Hier stimmt doch was nicht! Finden Sie den Fehler.

1. jag hör – jag ser – jag titter
2. det luktar – det doftar – det stinkar
3. du kännade – du gladde – du njöt
4. hon pratar – hon berättar – hon sägar – hon talar – hon diskuterar
5. hon läste – hon skrivte – hon dikterade – hon ritade
6. jag tänker – jag vetar – jag tror – jag anar – jag tycker – jag menar
7. det betydde – det hette – det kalldes

6. Setzen Sie die richtige Verbform ein.

1. skära *Das Messer schneidet gut.*
   Kniven ____________________ bra.
2. steka *Wir brieten Äpfel auf dem Feuer.*
   Vi ____________________ äpplen över elden.
3. smaka *Fleischklößchen und Preiselbeeren schmecken sehr gut.*
   Köttbullar och lingon ____________________ jättegott.
4. äta *Wir essen Mittag im Restaurant.*
   Vi ____________________ middag på restaurangen.
5. koka *Kann ich die Kartoffeln in diesem Topf kochen?*
   Kan jag ____________________ potatisarna i den här grytan?
6. få *Kann ich eine Tasse Tee haben?*
   Kan jag ____________________ en kopp te?
7. bestå *Jeder Satz besteht aus 2 Schüsseln und 4 Tellern.*
   Varje set ____________________ av 2 skålar och 4 tallrikar.

12 Das Partizip Präsens und der Imperativ

a | Das Partizip Präsens

Das Partizip Präsens (Mittelwort der Gegenwart) wird adjektivisch, substantivisch und als Adverb gebraucht. Als Adjektiv, also in seiner häufigsten Anwendung, ist es – anders als im Deutschen – unveränderbar und kann mithilfe von *mer(a) / mest* gesteigert werden.

en spännande film	ein spannender Film
ett strålande ansikte	ein strahlendes Gesicht
två talande män	zwei sprechende Männer
Att lyckas är mer motiverande än något annat.	Wenn etwas gelingt, ist das motivierender als alles andere (wörtl. = etwas anderes).

Das Partizip Präsens

- kann, als Substantiv gebraucht, nach der 4. oder 5. Deklination flektieren und
- bleibt, als Adverb gebraucht, unverändert.

ett studerande	ein/e Studierende/r, StudentIn
öppnandet	die Eröffnung
fortfarande	immer noch, weiterhin

Die Bildung erfolgt folgendermaßen:

- Stamm + -(a)nde (1., 2. Konj. und einige Verben der 4. Konjugation. Verben, deren Stamm auf unbetontem -a endet, verlieren das a vor der Endung.)
- Stamm + -ende (3. Konj. und einige Verben der 4. Konjugation, wenn der Stamm auf langem, betontem Vokal endet.)

Konj.	Infinitiv	Stamm	Präsens	Partizip Präsens	Beispiel
1.	fiska	fiska	fiskar	fiskande	*en fiskande man* ein fischender Mann
	tala	tala	talar	talande	*en talande fru* eine sprechende Frau *två talande män* zwei sprechende Männer
2a.	ringa	ring	ringer	ringande	*en ringande person* eine anrufende Person
	bestämma	bestämm	bestämmer	bestämmande	*en bestämmande faktor* ein bestimmender Faktor

Konj.	Infinitiv	Stamm	Präsens	Partizip Präsens	Beispiel
2b.	tänka	tänk	tänker	tänkande	*en tänkande elev* ein denkender Schüler
	leka	lek	leker	lekande	*tre lekande barn* drei spielende Kinder
3.	tro	tro	tror	troende	*ett troende barn* ein gläubiges Kind
	bo	bo	bor	boende	*boende i Stockholm* wohnhaft in Stockholm (substantiviert auch: das Wohnen, die Wohnung, der/die Bewohner/in)
4.	skriva	skriv	skriver	skrivande	*en skrivande författare* ein schreibender Autor
	gå	gå	går	gående	*ett gående bord* Buffet (Speisen und Getränke zur Selbstbedienung; wörtl. = gehender Tisch)

b | Der Imperativ

Der schwedische Imperativ (Befehlsform) stimmt mit dem Stamm des Verbs überein und ist für alle Personen gleich:

Konj.	Infinitiv	Stamm	Imperativ	Deutsch
1.	arbeta	arbeta	arbeta!	arbeite! / arbeitet! / arbeiten Sie!
	berätta	berätta	berätta!	erzähl! / erzählt! / erzählen Sie!
2a.	ringa	ring	ring!	ruf an! / ruft an! / rufen Sie an!
	bestämma (sig)	bestäm	bestäm (dig)!	entscheide dich! / entscheidet euch! / entscheiden Sie sich!
2b.	köpa	köp	köp!	kauf! / kauft! / kaufen Sie!
	läsa	läs	läs!	lies! / lest! / lesen Sie!
3.	tro	tro	tro!	glaube! / glaubt! / glauben Sie!
	sy	sy	sy!	nähe! / näht! / nähen Sie!
4.	skriva	skriv	skriv!	schreibe! / schreibt! / schreiben Sie!
	gå	gå	gå!	gehe! / geht! / gehen Sie!
	binda	bind	bind!	binde! / bindet! / binden Sie!

Um eine Aufforderung im Schwedischen abzumildern und somit höflicher zu gestalten, kann man entweder den Ausdruck Var snäll och … an den Satzanfang oder … är du / ni snäll an das Satzende stellen:

Ge mig ett äpple!	Gib mir einen Apfel!
Var snäll och ge mig ett äpple.	Gib mir bitte einen Apfel.
Ge mig ett äpple, är du snäll.	Gib mir bitte einen Apfel.

Übungen

1. Übersetzen Sie.

1. Der Roman ist ermüdend (macht müde).
2. Wir fassen einen bindenden Beschluss.
3. Ein Studierender wohnt im Internat.
4. Er geht singend in den Wald.
5. Wir sehen badende Kinder.
6. In den neuesten Nachrichten sieht man einen argumentierenden Politiker.
7. In der ersten Klasse sitzen lesende Schüler.
8. Ich las eine beschreibende Reiseerzählung.
9. Wir tranken ein gut schmeckendes Bier.
10. Im Film sieht man eine weinende Mutter.
11. Wir müssen einen bestehenden Beschluss beachten.

Vokabelhilfe

müde machen	*trötta, tröttar, tröttade, tröttat*
Beschluss	*beslut, beslutet, beslut*
argumentieren	*argumentera, argumenterar, argumenterade, argumenterat*
Reiseerzählung	*reseberättelse, reseberättelsen, reseberättelser*
weinen	*gråta, gråter, grät, gråtit*
beachten	*beakta, beaktar, beaktade, beaktat*

2. Formen Sie die folgenden Aussagen jeweils zu einem höflichen Imperativ um.

1. skriva till mig ______________________
2. öppna fönstret ______________________
3. bestämma sig ______________________
4. tala långsamt och tydligt ______________________
5. ringa mig ______________________
6. köpa fiskekort ______________________
7. stänga dörren ______________________
8. ta hunden i kopplet ______________________
9. hjälpa mig ______________________
10. se efter i boken ______________________

3. Übersetzen Sie.

1. Sei so gut und decke den Tisch!
2. Geh nach Hause!
3. Schreib die Adresse auf!
4. Schließe bitte das Fenster!
5. Glaub mir!
6. Lest das Buch!
7. Setz dich auf die andere Seite!
8. Studier Jura!
9. Erzähl von deinem Urlaub!

4. Formulieren Sie jeweils eine Aufforderung.

1. Pojken tittade bara på TV hela dagen.
2. Han har förkylt sig igen.
3. Jag går och frågar i turistbyrån.
4. Han la(de) upp en hemsida på nätet åt mig.
5. Jag ringer angående annonsen.
6. Läste du tidningsartikeln?
7. Jag måste höra de senaste nyheterna innan jag går.
8. Reser hon alltid med så mycket bagage?
9. Ska du ta min resväska?
10. Vill du köpa en returbiljett?

13 Das Supinum und das Partizip Perfekt

a | Das Supinum

Im Schwedischen gibt es eine besondere Partizipialform, das sogenannte Supinum. Es ist unveränderlich und wird zur Bildung von Perfekt und Plusquamperfekt gebraucht. Im Gegensatz zum Deutschen unterscheidet sich die Form allerdings klar vom Partizip Perfekt, das im Schwedischen nur im Zusammenhang mit dem Hilfsverb *vara* verwendet wird.

Das Plusquamperfekt schildert im Schwedischen wie im Deutschen die Vorvergangenheit. Das Perfekt wird im Schwedischen für vergangene Vorgänge ohne konkrete Zeitangabe verwendet, oder auch, um zu betonen, dass immer noch andauert, worüber gesprochen wird. Im Deutschen wird in diesem Fall oft »seit« oder »schon« zugefügt.

Die Supinumform wird bei schwachen Verben der 1. und 2. Konjugation durch Anhängen von -t an den Stamm gebildet. Bei schwachen Verben, die auf einen anderen Vokal als -a enden (3. Konjugation), wird -tt angefügt. Starke Verben (4. Konjugation) bilden das Supinum meist ebenfalls durch den Präsensstamm + -(i)t. Manche unregelmäßigen Verben haben allerdings einen eigenen Perfektstamm, der sich geringfügig vom Präsensstamm unterscheidet, sodass auch die unregelmäßigen Perfektformen gelernt werden müssen.

Wie im Deutschen wird die Perfektform im Schwedischen durch ein Hilfsverb komplettiert. Hierzu fungiert für alle Verben ausnahmslos das Hilfsverb ›haben‹. Die Präsensform (har) wird für das Perfekt verwendet, die Präteritumform (hade) für das Plusquamperfekt:

- Perfekt = har + Supinum
- Plusquamperfekt = hade + Supinum

Konj.	Verb	Supinum	Beispielsätze	
1.	arbeta	arbetat	*Han har/hade arbetat.*	Er hat/hatte gearbeitet.
	tala	talat	*Han har/hade talat.*	Er hat/hatte gesprochen.
2.	ringa	ringt	*Han har/hade ringt.*	Er hat/hatte angerufen.
	beställa	beställt	*Han har/hade beställt.*	Er hat/hatte bestellt.
3.	sy	sytt	*Hon har/hade sytt.*	Sie hat/hatte genäht.
	tro	trott	*Hon har/hade trott.*	Sie hat/hatte geglaubt.
4.	skriva	skrivit	*Hon har/hade skrivit.*	Sie hat/hatte geschrieben.
	gå	gått	*Hon har/hade gått.*	Sie ist/war gegangen.

b | Das Partizip Perfekt

Das Partizip Perfekt (Mittelwort der Vergangenheit) wird wie ein Adjektiv in prädikativer oder attributiver Stellung verwendet und richtet sich dementsprechend immer nach dem dazugehörigen Substantiv (Utrum oder Neutrum, Singular oder Plural), unabhängig davon, ob es prädikativ oder attributiv gebraucht wird.

Das Partizip Perfekt kann auch an der Stelle des Substantivs stehen:

en avliden / den avlidne	ein Verstorbener, eine Verstorbene / der, die Verstorbene
en skadad	ein Verletzter, eine Verletzte

Darüber hinaus wird es zur Bildung des Passivs gebraucht (siehe »14 – Verben. Passiv«):

Kostymen är sydd.	Der Anzug ist genäht (worden).
Byråerna är stängda.	Die Büros sind geschlossen (worden).

Die Bildung des Partizip Perfekt erfolgt durch Anfügen folgender Endungen an den Wortstamm:

- schwache Verben:
  Stamm + -d/-dd, -t/-tt oder -de/-da/-dda/-ta
- starke Verben:
  Stamm + -en, -et oder -na

Prädikativer Gebrauch

Konj.	Infinitiv	Stamm	Partizip Perfekt	
1.	måla	måla	*Stugan är målad.* *Rummet är målat.* *Stugorna är målade.*	Die Hütte ist gestrichen. Das Zimmer ist gestrichen. Die Hütten sind gestrichen.
2a.	stänga	stäng	*Dörren är stängd.* *Fönstret är stängt.* *Kontoren är stängda.*	Die Tür ist geschlossen. Das Fenster ist geschlossen. Die Büros sind geschlossen.
2b.	köpa	köp	*Stugan är köpt.* *Huset är köpt.* *Ringarna är köpta.*	Die Hütte ist gekauft. Das Haus ist gekauft. Die Ringe sind gekauft.
3.	sy	sy	*Kostymen är sydd.* *Nattlinnet är sytt.* *Kostymerna är sydda.*	Der Anzug ist genäht. Das Nachthemd ist genäht. Die Anzüge sind genäht.
4.	skriva	skriv	*Satsen är skriven.* *Brevet är skrivet.* *Satserna är skrivna.*	Der Satz ist geschrieben. Der Brief ist geschrieben. Die Sätze sind geschrieben.

Attributiver Gebrauch

Konj.	Infinitiv	Stamm	Partizip Perf. unbestimmt	Partizip Perf. bestimmt
1.	måla	måla	*en målad stuga* eine gestrichene Hütte *ett målat rum* ein gestrichenes Zimmer *tre målade stugor* drei gestrichene Hütten	*den målade stugan* die gestrichene Hütte *det målade rummet* das gestrichene Zimmer *de målade stugorna* die gestrichenen Hütten
2a.	stänga	stäng	*en stängd dörr* eine geschlossene Tür *ett stängt fönster* ein geschlossenes Fenster *tre stängda byråer* drei geschlossene Büros	*den stängda dörren* die geschlossene Tür *det stängda fönstret* das geschlossene Fenster *de stängda byråerna* die geschlossenen Büros
2b.	köpa	köp	*en köpt stuga* eine gekaufte Hütte *ett köpt hus* ein gekauftes Haus *tre köpta ringar* drei gekaufte Ringe	*den köpta stugan* die gekaufte Hütte *det köpta huset* das gekaufte Haus *de köpta ringarna* die gekauften Ringe
3.	sy	sy	*en sydd kostym* ein genähter Anzug *ett sytt nattlinne* ein genähtes Nachthemd *tre sydda kostymer* drei genähte Anzüge	*den sydda kostymen* der genähte Anzug *det sydda nattlinnet* das genähte Nachthemd *de sydda kostymerna* die genähten Anzüge
4.	skriva	skriv	*en skriven sats* ein geschriebener Satz *ett skrivet brev* ein geschriebener Brief *tre skrivna satser* drei geschriebene Sätze	*den skrivna satsen* der geschriebene Satz *det skrivna brevet* der geschriebene Brief *de skrivna satserna* die geschriebenen Sätze

Übungen

1. Bilden Sie das Supinum von folgenden Verben.

1. ligga ____________________
2. sitta ____________________
3. stå ____________________
4. gå ____________________
5. komma ____________________
6. stiga ____________________
7. springa ____________________
8. flyga ____________________

2. Setzen Sie das Supinum ein.

1. Har du ____________________ (*läsa*) boken?
2. Vad har ni ____________________ (*göra*) idag?
3. Jag har ____________________ (*låta*) reparera bilen.
4. Planet från Berlin har ____________________ (*landa*).
5. Flickorna hade redan ____________________ (*fara*) till idrottsplatsen.

3. Setzen Sie jeweils die richtige Form der angegebenen Verben ein.

1. snöa — Det har ____________________ hela dagen.
   Det ska ____________________ imorgon också.
2. laga — Ska du ____________________ mat ikväll?
   Nej, jag ____________________ mat igår.
3. arbeta — Siv ____________________ på institutet.
   Hon har ____________________ där i fyra år.
4. titta — Lisa ____________________ på teve förra veckan.
   Jag har ____________________ på teve hela dagen.
5. tvätta — Har han ____________________ bilen?
   Jag ska ____________________ bilen imorgon.

4. Übersetzen Sie.

1. Er hat/hatte seine Frau gefragt.
2. Ich habe/hatte ein Haus gebaut.
3. Ich habe/hatte in Berlin gewohnt.
4. Ich habe/hatte meinen Sohn gebeten.
5. Sie hat/hatte sehr gut gesungen.

5. Setzen Sie von den angegebenen Verben die richtige Form ein.

1. ge — Han hade inga pengar så hon ____________ honom 50 kronor.
2. gå — Jag vill inte ____________ för det är så kallt ute.
3. fly — Skådespelerskan ____________ från paparazzi igår.
4. förstå — Han försökte att förklara, men vi ____________ inte.
5. säga — De ____________ igår att de inte hade tid.
6. äta, dricka — Jag ____________ smörgås och ____________ kaffe imorse.
7. bo — När jag var liten ____________ jag i Värnamo.
8. sy — Min syster är inte så bra på att ____________.
9. ta — Vem har ____________ mina böcker?
10. må — Han hade så ont i magen igår, han ____________ inte bra.

6. Setzen Sie für das im Infinitiv stehende Verb das Partizip Perfekt ein.

1. Fiskarna är ____________ (*röka*).
2. Jag tycker om de ____________ (*nymåla*) rummen.
3. Ostkakan är färdig ____________ (*baka*).
4. Barnet är ____________ (*bada*).
5. Den här räkningen är ____________ (*betala*).
6. Det ____________ (*köpa*) huset är mycket gammalt.
7. Ett ____________ (*skriva*) kärleksbrev ligger på bordet.

7. Bilden Sie zu den angegebenen Verben das schwedische Partizip Perfekt und setzen Sie es anschließend an passender Stelle in der richtigen Form ein.

veröffentlichen | zeichnen | baden | bestellen | malen | besichtigen

1. Det finns ett ____________ kort här.
2. De ____________ varorna är här.
3. Den ____________ fästningen var intressant.
4. Boken är ____________.
5. Vem är tavlan ____________ av?
6. Det ____________ barnet ligger i sängen.

14 Passiv und Futur

a | Passiv

Anders als im Deutschen gibt es im Schwedischen zwei verschiedene Möglichkeiten zur Bildung des Vorgangspassivs, die sich in Konstruktion und inhaltlicher Bedeutung voneinander unterscheiden.

Zudem gibt es noch das Zustandspassiv, das vor allem adjektivisch gebraucht wird.

Das s-Passiv

Das s-Passiv wird durch Anhängen von -s an die flektierte Verbform gebildet (wobei das -(e)r im Präsens wegfällt):

s-Passiv = aktiv Präsens + s (Die Präsensendung -r bzw. -er fällt weg)
bzw. = aktiv Präteritum + s

Mit dieser Form werden vor allem regelmäßige, immer wiederkehrende oder allgemeine Handlungen ausgedrückt. Der Schwerpunkt der Bedeutung liegt dabei auf dem Vorgang.

Konj.	Infinitiv Aktiv	Infinitiv Passiv	Präsens Aktiv	Präsens Passiv	Präteritum Aktiv	Präteritum Passiv
1.	öppna *öffnen*	öppnas *geöffnet werden*	öppnar	öppnas	öppnade	öppnades
	betala *bezahlen*	betalas *bezahlt werden*	betalar	betalas	betalade	betalades
	berätta *erzählen*	berättas *erzählt werden*	berättar	berättas	berättade	berättades
2a.	ringa *anrufen*	ringas *angerufen werden*	ringer	rings	ringde	ringdes
	beställa *bestellen*	beställas *bestellt werden*	beställer	beställs	beställde	beställdes
	stänga *schließen*	stängas *geschlossen werden*	stänger	stängs	stängde	stängdes
2b.	köpa *kaufen*	köpas *gekauft werden*	köper	köps	köpte	köptes
	läsa *lesen*	läsas *gelesen werden*	läser	läses	läste	lästes

3.	sy *nähen*	sys *genäht werden*	syr	sys	sydde	syddes
4.	skriva *schreiben*	skrivas *geschrieben werden*	skriver	skrivs	skrev	skrevs

Bilen betalades. Das Auto wurde bezahlt.

Das s-Passiv wird häufig in Anweisungen, Regeln, Rezepten, Vorschriften und allgemeingültigen Aussagen verwendet:

Öppnas här! Hier öffnen! (wörtl. = Wird hier geöffnet!)
Här talas svenska. Hier wird Schwedisch gesprochen. / Hier spricht man Schwedisch.

Auch nach einem Modalverb steht meist das *s*-Passiv:

Bilen ska repareras. Das Auto soll repariert werden.

Zu bedenken sind die sog. Deponentien (Sg. = Deponens). Das sind Verben, die passivisch aussehen, aber aktivische Bedeutung haben (*andas* – atmen, *finnas* – vorhanden sein, *hoppas* – hoffen, *lyckas* – gelingen, *minnas* – sich erinnern).

Auch Wechselseitigkeit (= Reziprozität) kann durch ein angehängtes -s ausgedrückt werden:

de kyssas sie küssen sich / einander

Passiv mit *bli* + Partizip Perfekt

Mit dem Hilfsverb *bli* (werden) + Partizip Perfekt des Vollverbs (siehe »13 – Verben«) wird ein Passiv gebildet, dessen Schwerpunkt auf dem Resultat der Handlung liegt: *Lägenheten blev renoverad.* »Die Wohnung wurde renoviert.« Hiermit werden vor allem einmalige und besondere Handlungen zum Ausdruck gebracht, die Auswirkungen auf die Zukunft haben.

Präsens	Präteritum
Huset blir renoverat. Das Haus wird renoviert.	*Huset blev renoverat.* Das Haus wurde renoviert.
Bilen blir reparerad. Das Auto wird repariert.	*Bilen blev reparerad.* Das Auto wurde repariert.
Rummet blir målat. Das Zimmer wird gestrichen.	*Rummet blev målat.* Das Zimmer wurde gestrichen.

Zustandspassiv

Das Zustandspassiv wird durch *vara* + Partizip Perfekt gebildet und schildert das Ergebnis einer Handlung.

Dörren är låst.	Die Tür ist verschlossen.
Huset var uthyrt.	Das Haus war vermietet.

Beachten Sie, dass die Form des Partizips Perfekt von dem dazugehörigen Subjekt abhängt.

b | Futur

Im Schwedischen existieren wie im Deutschen keine eigens gebildeten Verbformen für das Futur. Stattdessen gibt es verschiedene Möglichkeiten, um über Handlungen und Ereignisse zu sprechen, die in der Zukunft stattfinden. Die verschiedenen Ausdrucksweisen unterscheiden sich hinsichtlich ihrer Bedeutung:

1) Präsensform des Vollverbs + Zeitangabe mit Zukunftsbezug. Hier steht die temporale Bedeutung im Vordergrund:

Vi åker till Lund imorgon.	Wir fahren morgen nach Lund.

2) Das Hilfsverb *ska(ll)* + Infinitiv drückt eine Absicht aus und wird verwendet, wenn ein zukünftiges Geschehen abhängig ist vom Willen des Handelnden. Vor allem in Fragen mit Zukunftsbezug wird diese Ausdrucksmöglichkeit gern verwendet. Im Deutschen wird sie häufig mit »wollen« übersetzt:

Vad ska du göra på lördag?	Was wirst/willst du am Samstag machen?
Jag ska åka till Lund.	Ich werde/will nach Lund fahren.

3) *tänker* + Infinitiv ohne *att* betont noch stärker den Aspekt der Absicht:

Per tänker köpa ny bil.	Per beabsichtigt, ein neues Auto zu kaufen.

4) *kommer* + *att* + Infinitiv des Vollverbs: Bei dieser Umschreibung wird eine Vermutung oder Annahme über zukünftige, kaum beeinflussbare Ereignisse zum Ausdruck gebracht. Verstärkt wird die Umschreibung gern durch das modale Satzadverbial *nog*, das im Hauptsatz direkt nach der finiten Verbform von *kommer* steht:

Han kommer nog att vara här vid sjutiden.	Er wird vermutlich gegen sieben Uhr hier sein.

Übungen

1. Übersetzen Sie ins Deutsche.

1. Martin ska köra till Berlin.
2. Nästa år ska jag semestra i Tyskland.
3. Teatern öppnas den 22 februari.
4. Vad tänker ni göra nästa vecka? / Vad ska ni göra nästa vecka?
5. Du kommer nog att sova, när vi kommer hem.
6. Det kommer säkert att regna imorgon.
7. Vi tänker köpa ett nytt hus.
8. Ska du gå på partyt imorgon kväll?
9. Jag ska lära mig svenska på semestern.
10. De tänker flytta till Stockholm. / De ska flytta till Stockholm.

2. Bilden Sie aus den deutschen Aktivsätzen schwedische Passivsätze.

1. In Schweden trinkt man viel Kaffee.
2. Man präsentiert das Projekt diese Woche.
3. Ich habe den Brief aufgegeben.
4. Die Frau hat den Antrag leider nicht bearbeitet.
5. In Schweden spricht man zahlreiche Dialekte.
6. Ich soll das Paket abschicken.
7. Man liest die Bücher von Astrid Lindgren heute immer noch.
8. Die kaputten Straßen sind zu reparieren.
9. Man hat meinem Bruder gestern gekündigt.
10. Zuerst schließen wir das Stromkabel an.

Vokabelhilfe

präsentieren	*presentera, presenterar, presenterade, presenterat*
Projekt	*projekt, projektet, projekt*
aufgeben	*posta, postar, postade, postat*
Antrag	*ansökan, ansökan*
bearbeiten	*bearbeta, bearbetar, bearbetade, bearbetat*
Dialekt	*dialekt, dialekten, dialekter*
Paket	*paket, paketet, paket*
kaputt	*trasig, trasigt, trasiga*
kündigen	*säga upp, säger, sade, sagt (ngn)*
Stromkabel	*elkabel, elkabeln, elkablar*
anschließen	*ansluta, ansluter, anslöt, anslutit*

3. Übersetzen Sie.

1. Das Kleid wurde gestern genäht.
2. Das Buch wird ins Deutsche übersetzt.
3. Nach 2 Uhr wird Kaffee serviert.
4. Die Fabrik wird geschlossen.
5. Mein Auto wurde repariert.
6. Die Hotelrechnung wurde geschrieben.
7. Die Ware wird bestellt.
8. Das Haus wurde verkauft.
9. Das Haus wurde gestrichen.
10. Drei Personen wurden verletzt.
11. Mein Fahrrad wurde gestohlen.
12. Sein Haus wird verkauft.
13. Das Geschäft wird geschlossen.

Vokabelhilfe

nähen	*sy, syr, sydde, sytt*
Fabrik	*fabrik, fabriken, fabriker*
reparieren	*laga, lagar, lagade, lagat*
Rechnung	*räkning, räkningen, räkningar*
Ware	*vara, varan, varor*
verkaufen	*sälja, säljer, sålde, sålt*
schaden, verletzen	*skada, skadar, skadade, skadat*

15 Reflexive Verben, Hilfsverben und Modalverben

a | Reflexive Verben

Reflexive (= rückbezügliche) Verben stehen immer mit einem Reflexivpronomen. Subjekt und Objekt des Satzes sind hier in der Regel identisch und beziehen sich somit auf dieselbe Person. Bei gelegentlich reflexiv gebrauchten Verben kann das Objekt allerdings auch eine andere Person oder Sache sein.

Ständig reflexiv gebrauchte Verben

Ständig reflexive Verben müssen immer mit einem Reflexivpronomen stehen. Hier ist das Reflexivpronomen (*mig*, *dig*, *sig*, *oss*, *er*, *sig* = Objektform des Personalpronomens) fester Bestandteil des Verbs.

Verb	Beispielsatz
förlova sig sich verloben	*Siv och Nils förlovade sig igår.* Siv und Nils verlobten sich gestern.
förälska sig sich verlieben	*Hon förälskade sig i en svensk man.* Sie verliebte sich in einen schwedischen Mann.
känna sig sich fühlen	*Han känner sig sjuk.* Er fühlt sich krank.
se sig om sich umsehen	*Se dig om, innan du går över gatan!* Sieh dich um, bevor du über die Straße gehst!
skynda sig sich beeilen	*Vi måste skynda oss.* Wir müssen uns beeilen.
uppföra sig sich benehmen	*Han uppförde sig dåligt.* Er benahm sich schlecht.

Gelegentlich reflexiv gebrauchte Verben

Anders als bei ständig reflexiv gebrauchten Verben können gelegentlich reflexiv gebrauchte Verben auch mit einem nicht-rückbezüglichen Objekt verwendet werden. Subjekt und Objekt des Satzes sind dann nicht dieselbe Person. Vergleichen Sie die folgenden Beispiele:

Verb	Reflexiver Beispielsatz	Nicht-reflexiver Beispielsatz
bestämma (sig) (s.) entscheiden	*Jag kan inte bestämma mig.* Ich kann mich nicht entscheiden.	*Vi måste bestämma efter ögonmått.* Wir müssen nach Augenmaß entscheiden.

Verb	Reflexiver Beispielsatz	Nicht-reflexiver Beispielsatz
kamma (sig) (s.) kämmen	*Hon gick till spegeln för att kamma sig.* Sie ging zum Spiegel, um sich zu kämmen.	*Hon kammar hunden.* Sie kämmt den Hund.
klä av / på (sig) (s.) aus- / anziehen	*Hon klädde av sig.* Sie zog sich aus.	*Modern måste klä på barnet.* Die Mutter muss das Kind anziehen.
lägga (sig) (s.) (hin-) legen	*Jag går och lägger mig.* Ich gehe schlafen.	*Han lade boken på bordet.* Er legte das Buch auf den Tisch.
raka (sig) (s.) rasieren	*Far rakar sig varje morgon.* Vater rasiert sich jeden Morgen.	*Frisören rakade kunden.* Der Friseur rasierte den Kunden.
sätta (sig) (s.) setzen	*Han sätter sig.* Er setzt sich.	*Han satte in pengar på sitt konto.* Er zahlte Geld auf sein Konto ein.
tvätta (sig) (s.) waschen	*Jag tvättar mig.* Ich wasche mich.	*Modern tvättade barnet.* Die Mutter wusch das Kind.

Achtung (schwedisch: *Obs*)! Es gibt einige reflexive Verben im Schwedischen, die im Deutschen nicht reflexiv sind, z.B.:

Schwedisch	Deutsch
lära sig *Jag lär mig svenska.*	lernen Ich lerne Schwedisch.
gifta sig (med) *De gifte sig idag.*	heiraten Sie haben heute geheiratet.
bryta sig (in) *En tjuv har brutit sig in i huset.*	einbrechen Ein Dieb ist in das Haus eingebrochen.

b | Hilfsverben

Hilfsverben dienen der Zeiten- und Modusbildung, indem sie zusammen mit einem anderen Verb ein erweitertes Prädikat schaffen. Das Schwedische nutzt *ha* und *skola* zur Bildung der zusammengesetzten Zeiten Perfekt, Plusquamperfekt und Futur I sowie die beiden Hilfsverben *bli* und *vara* zur Passivbildung (siehe »14 – Verben. Passiv«).

ha und *skola*

ha	Perfekt	Plusquamperfekt
	Präsens von *ha* + Supinum	Präteritum von *ha* + Supinum
	Jag har målat. Ich habe gemalt.	*Jag hade målat.* Ich hatte gemalt.

skola	Futur I
	Präsens von *skola* + Infinitiv
	Jag ska måla. Ich werde malen.

bli und *vara*

bli	Passiv Präsens	Passiv Präteritum
	Präsens von *bli* + Partizip Perfekt	Präteritum von *bli* + Partizip Perfekt
	Huset blir renoverat. Das Haus wird renoviert.	*Huset blev renoverat.* Das Haus wurde renoviert.

c | Modalverben

Modalverben stehen mit dem Infinitiv eines Vollverbs ohne *att*. Sie können eine Erlaubnis, Möglichkeit, Notwendigkeit, Forderung, Absicht oder einen Wunsch ausdrücken und sind im Schwedischen unregelmäßig.

Infinitiv	Präsens	Präteritum	Supinum	Beispielsatz
bruka (göra ngt.) etw. oft, regelmäßig tun	brukar	brukade	brukat	*Som mamma brukar säga …* Wie Mama immer sagt, …
böra sollen	bör	borde	bort	*Du bör läsa den här boken.* Du solltest (wörtl. = sollst) dieses Buch lesen.
få dürfen, müssen	får	fick	fått	*Hon fick vänta en timme.* Sie musste eine Stunde warten.
kunna können	kan	kunde	kunnat	*Det kunde du inte veta.* Das konntest du nicht wissen.
– müssen	måste	måste	måst	*Vi måste ta en paus.* Wir müssen eine Pause machen.

Infinitiv	Präsens	Präteritum	Supinum	Beispielsatz
– mögen	må	måtte	–	*Måtte jag klara tentamen.* Hoffentlich schaffe ich die Klausur.
skola sollen, müssen, werden	ska	skulle	(skolat)	*Ska vi gå och handla?* Sollen wir einkaufen gehen? *Du skulle söka läkare.* Du solltest einen Arzt aufsuchen.
vilja wollen	vill	ville	velat	*Vi vill inte väga varje ord på guldvåg.* Wir wollen nicht jedes Wort auf die Goldwaage legen. *Min bil ville inte starta igår.* Mein Auto wollte gestern nicht starten.

Übungen

1. Kreuzen Sie an: Ist der Satz richtig oder falsch?

		richtig	falsch
1.	Vill du inte sätta dig hos oss?		
2.	Vad sysselsätter du med?		
3.	Han gick till badrummet för att raka.		
4.	Flickan tog på sig en ny blus.		
5.	Han har misstagit sig.		
6.	Läraren klädde sig mycket bra.		

2. Übersetzen Sie.

1. Können wir hier die Fische braten?
2. Mutter konnte nicht backen, weil sie keine Eier zu Hause hatte.
3. Wir wollen ein Spülmittel kaufen.
4. Kannst du meine Reisetasche nehmen?
5. Wenn es schön ist, kann ich mich sonnen.
6. Du musst diese Sendung im Fernsehen heute sehen.
7. Eine internationale Konferenz soll nächste Woche beginnen.

Vokabelhilfe

braten *steka, steker, stekte, stekt*
backen *baka, bakar, bakade, bakat*
Spülmittel *diskmedel, diskmedlet, diskmedel*

3. Ersetzen Sie in den folgenden Sätzen jeweils das deutsche Modalverb durch das entsprechende schwedische.

1. Vi __________________ (*konnten*) inte komma.
2. __________________ (*Können*) vi steka fiskarna här?
3. Jag __________________ (*muss*) köpa ett skärp.
4. Statsministern __________________ (*soll*) presentera den nya regeringen idag.
5. Jag __________________ (*möchte gern*) tala med dig mellan fyra ögon.
6. Han __________________ (*soll*) leva i hundra år!
7. Jag __________________ (*muss*) höra de senaste nyheterna innan jag går.
8. Han __________________ (*will*) läsa fysik i Lund.

4. Übersetzen Sie die Sätze und entscheiden Sie, ob ein Reflexivpronomen einzusetzen ist, und wenn ja, welches.

1. Wir sollten uns beeilen.
2. Ich lerne Finnisch.
3. Warum setzt ihr euch nicht?
4. Er rasiert sich nicht oft.
5. Pia und Max haben gestern geheiratet.
6. Wäschst du dir täglich die Haare?
7. Ein Dieb ist in das Museum eingebrochen.
8. Bitte wasch dir die Hände.
9. Er trocknet sich jetzt ab.
10. Was kochst du dir heute zum Mittagessen?

5. Das Lied der Pippi Langstrumpf weckt bei Ihnen sicherlich Erinnerungen an die Kindheit. Schreiben Sie die Verben aus dem Lied heraus, bestimmen Sie deren grammatische Form und übersetzen Sie die Wörter.

Här kommer Pippi Långstrump,
tjolahopp, tjolahej, tjolahoppsan sa.
Här kommer Pippi Långstrump,
ja här kommer faktiskt jag.
Har du sett min apa,
min söta, fina, lilla apa?
Har du sett Herr Nilsson?
Ja han heter faktiskt så.
Har du sett min villa,
min Villa Villekullavilla?
Vill å vill du veta,
varför villan heter så?
Jo, för där bor ju Pippi Långstrump,
tjolahopp, tjolahej, tjolahoppsansa.

Där bor ju Pippi Långstrump,
där bor ju faktiskt jag.
Det är inte illa,
jag har ju apa, häst och villa,
en kappsäck full med pengar,
är det också bra att ha.
Kom nu alla vänner,
varenda kotte som jag känner,
nu skall vi leva loppan,
tjolahej tjolahoppsan sa.
Här kommer Pippi Långstrump,
tjolahopp, tjolahej, tjolahoppsan sa.
Här kommer Pippi Långstrump,
ja här kommer faktiskt jag.

16 Präpositionen

Wie im Deutschen steht nach einer Präposition auch im Schwedischen in der Regel:

- ein Substantiv (im Schwedischen in der Grundform, im Deutschen im Genitiv, Dativ oder Akkusativ):

  Hunden sitter under bordet. Der Hund sitzt unter dem Tisch.

- ein Personalpronomen (im Schwedischen in der Objektform, im Deutschen in einem der entsprechenden Fälle):

  Jag har inga pengar på mig. Ich habe kein Geld bei mir.

In den nachfolgenden Tabellen finden Sie zunächst Übersichten über die wichtigsten Präpositionen

- für Ort, Raum und Richtung (= lokale Präpositionen),
- der Zeit (= temporale Präpositionen),
- der Art und Weise sowie der Mittel (= modale Präpositionen),
- für Ursache und Zweck (= kausale Präpositionen),

veranschaulicht jeweils durch ein typisches Anwendungsbeispiel. Einige Präpositionen haben mehrere Bedeutungen, weshalb sie in den einzelnen Tabellen unterschiedlich übersetzt werden!

Da viele Verben bestimmte Präpositionen fordern (z.T. andere als im Deutschen!), empfiehlt es sich, diese beim Vokabellernen direkt mit zu lernen.

Das nächste Kapitel geht näher auf besonders knifflige, weil mehrdeutige, schwedische Präpositionen ein. Dort finden sich Hinweise zu ihren haupt- und nebensächlichen Anwendungsfeldern sowie hilfreiche, gegenüberstellende Tabellen.

Lokale Präpositionen

av	von	*Kungen av Sverige har ett slott i Stockholm.* Der König von Schweden hat ein Schloss in Stockholm.
bakom	hinter	*De diskuterade bakom låsta dörrar.* Sie diskutierten hinter verschlossenen Türen.
bland	zwischen, unter	*Bland våra gäster var en fin flicka.* Unter unseren Gästen war ein hübsches Mädchen.
bredvid	neben	*Han bor alldeles bredvid oss.* Er wohnt gleich neben uns.
efter	hinter ... her	*Han vänder kappan efter vinden.* Er hängt seinen Mantel nach dem Winde.
framför	vor	*En främmande bil stannar framför huset.* Ein fremdes Auto hält vor dem Haus.

från	von	*Vi kommer från Berlin.* Wir kommen aus (wörtl.: von) Berlin.
genom	durch	*Han vadar genom vattnet.* Er watet durch das Wasser.
hos	bei	*Helene kan bo hos oss.* Helene kann bei uns wohnen.
i	in	*Brodern går i skolan.* Der Bruder geht in die Schule.
in	in	*Vi sätter in pengar på banken.* Wir zahlen Geld auf die Bank ein.
inom	innerhalb	*Slottet ligger inom stadsmuren.* Das Schloss liegt innerhalb der Stadtmauer.
mellan	zwischen, unter	*Jag skulle vilja tala med dig mellan fyra ögon.* Ich möchte dich gern unter vier Augen sprechen.
omkring	(um ...) herum	*Vi reste omkring i hela Sverige.* Wir reisten in ganz Schweden herum.
på	auf, in	*Jag bor i Berlin på Spandauer Straße.* Ich wohne in Berlin in der Spandauer Straße.
till	in, nach	*Hon cyklar alltid till skolan.* Sie fährt immer mit dem Fahrrad in die Schule.
ur	aus	*Han drack öl ur flaskan.* Er trank Bier aus der Flasche.
utanför	außerhalb (auch Adv.)	*Världen utanför mitt fönster är täckt av snö.* Die Welt vor meinem Fenster ist schneebedeckt.
utom	außer(halb)	*Renen var utom synhåll för jägaren.* Das Rentier war außer(halb der) Sichtweite des Jägers.
under	unter	*Han var född under en lycklig stjärna.* Er wurde unter einem glücklichen Stern geboren.
vid	an, bei	*Du får huvudvärk när du sitter länge vid datorn.* Du bekommst Kopfschmerzen, wenn du lange am Rechner sitzt.
åt	zu, nach, in Richtung	*Vi gick åt vänster, åt fel håll.* Wir gingen nach links, in die falsche Richtung.
över	über	*Vi köpte en karta över Göteborg.* Wir kauften einen Stadtplan von Göteborg.

Möchte man eine Richtung (in ... hinein, aus ... heraus) ausdrücken, so setzt man ein Richtungsadverb (*in*, *ut*) vor die entsprechende Präposition:

Pia gick in i parken. Pia ging in den Park (hinein).
Pia gick ut ur parken. Pia ging aus dem Park (heraus).

Temporale Präpositionen

efter	nach	*Efter valen var han en politiskt död man.* Nach den Wahlen war er ein politisch toter Mann.
från … till	von … bis	*Det är kallt i Sverige från december till mars.* Es ist kalt in Schweden von Dezember bis März.
från och med (fr o m)	ab	*Förändringar i tidtabellen från och med den 1 juli.* Geänderter Fahrplan ab / mit Beginn 1. Juli.
i	in, im, am, während	*Vi har bott här i tre år.* Wir haben hier drei Jahre (lang) gewohnt.
mellan	zwischen	*Bilverkstaden har öppet mellan 8.00 – 20.00 på vardagar.* Die Autowerkstatt ist werktags zwischen 8 und 20 Uhr geöffnet.
om	in	*Varuhuset stänger om fem minuter.* Das Kaufhaus schließt in fünf Minuten.
omkring	ungefähr	*Eleverna kommer omkring klockan åtta.* Die Schüler kommen ungefähr um 8 Uhr.
på	an, während, seit	*Jag har inte sett familjen på tre månader.* Ich habe die Familie seit drei Monaten nicht gesehen.
till och med (t o m)	bis (einschließl.)	*Reglerna gäller t o m den 30 juni 2020.* Die Regeln gelten bis einschließlich 30. Juni 2020.
under	im, in	*Affären har öppet under dagtid.* Das Geschäft ist tagsüber geöffnet.
vid	gegen	*Vid niotiden i morse hände olyckan.* Gegen 9 Uhr heute Morgen geschah der Unfall.
över	über	*Får vi stanna över natten?* Können wir über Nacht bleiben?

På und i werden zur Angabe einer Zeitdauer verwendet. Man verwendet på nach einer Verneinung mit inte:

Vi bodde här i tre år. Wir wohnten hier für drei Jahre / drei Jahre lang.
De träffades inte på tre år. Sie haben sich drei Jahre lang nicht getroffen.

(siehe Hinweis zu reziproken Verben in »14 – Verben. Passiv«)

Modale Präpositionen

av	von, aus, an	*Verktyg är av metall.* Werkzeug ist aus Metall.
efter	nach	*Vi letar efter ett hus.* Wir suchen nach einem Haus.
enligt	nach, gemäß	*Enligt min mening var det bra.* Meiner Meinung nach war es gut.
för	für, um, von	*Det är gjort för hand.* Es ist handgemacht (= von Hand gemacht).
genom	durch	*Jag fick en information genom fax.* Ich habe eine Information per Fax bekommen.
med	mit	*Jag skulle vilja tala med Nils.* Ich möchte mit Nils sprechen.
på	auf	*Jag säger det på skämt.* Ich sage das im Scherz.
utan	ohne	*Hon gjorde det utan att blinka.* Sie tat es, ohne mit der Wimper zu zucken.
över	über	*Jag är förvånad över de höga priserna.* Ich bin erstaunt über die hohen Preise.

Kausale Präpositionen

av	vor	*Barnet skakade av rädsla.* Das Kind zitterte vor Furcht.
efter	nach	*Göran frågade efter Luise.* Göran fragte nach Luise.
för	für	*Tack för hjälpen!* Vielen Dank für Ihre Hilfe!
till	in	*Jag skulle vilja växla euro till svenska kronor.* Ich möchte Euro in schwedische Kronen wechseln.
med	mit	*Vad sysslar du med nu?* Womit beschäftigst du dich jetzt?
mot	gegen	*Jag måste köpa ett medel mot hosta.* Ich muss ein Mittel gegen Husten kaufen.
om	um	*Man spelade om pengar.* Man spielte um Geld.
på	auf, an	*De har extrapris på bananer den här veckan.* Sie haben diese Woche Bananen im Angebot.
över	über	*Sverige vann fotbollsmatchen med 3:2 över Tyskland.* Schweden gewann das Fußballspiel mit 3:2 über / gegen Deutschland.

Übungen

1. Welche Präposition ist richtig?

1. Han var svag ________________ (*på, till, efter*) sjukdomen.
2. Han arbetar ________________ (*mellan, från, efter*) morgon till kväll.
3. Han kämpade ________________ (*under, till, för*) freden i hela sitt liv.
4. Vi träffas ________________ (*i, över, mellan*) april.
5. Bilverkstaden har öppet ________________ (*mellan, till, efter*) 8.00 – 20.00 på vardagar.
6. Eleverna börjar skolan ________________ (*på, över, omkring*) klockan åtta.
7. ________________ (*På, Till, Efter*) mina lediga stunder går jag och simmar.
8. Han skrev mycket ________________ (*mellan, under, efter*) sin livstid.

2. Setzen Sie die passende Präposition ein.

1. Jag vet det ______________ erfarenhet.
2. Han skakade ______________ rädsla.
3. Jag blev glad ______________ boken.
4. Vi blev bjudna ______________ fest.
5. Visa hänsyn ______________ lekande barn.
6. Vi längtar ______________ sommaren.
7. Föräldrarna oroar sig ______________ sitt sjuka barn.
8. Många klagar ______________ de höga priserna.
9. Han gjorde det ______________ svartsjuka.

3. Hier haben sich ein paar Fehler eingeschlichen. Wie muss es richtig heißen?

1. Monumentet är gjort med sten.
2. Vi letar för hus.
3. Barnen lekte på sina nya leksaker.
4. Han var lycklig för brevet.
5. Det består med två delar.
6. Vi fick veta det på bekanta.
7. Kan jag betala över check?
8. De åkte på semester ute sina barn.

4. Setzen Sie die richtige Präposition ein.

1. Det finns en fin strand i närheten ______________ Halmstad.
2. ______________ vilket spår går tåget?
3. Vi gick ______________ en dal.
4. Vill du inte sätta dig ______________ oss?
5. Verktyget ligger ______________ lådan.
6. Sortimentet kan variera på enstaka produkter ______________ butikerna.
7. Han blev inbjuden ______________ födelsedagsfest.
8. Vi bilar ______________ Sverige.
9. Det finns en trevlig restaurang ______________ sjön.
10. Vi har en fint utsikt ______________ sjön.

5. Beschreiben Sie, was Sie wo sehen.

1. Fåtöljen står ______________________________ (*vor dem Tisch*).
2. Den öppna spisen befinner sig ______________________________ (*in der Ecke*).
3. Det står en flaska vatten ______________________________ (*auf dem Tisch*).
4. Soffan befinner sig ______________________________ (*hinter dem Tisch*).
5. (*Vor dem Fenster*) ______________________________ ser jag en blomkruka.
6. En målning hänger ______________________________ (*an der Wand*).
7. Några kuddar ligger ______________________________ (*auf dem Sofa*).
8. Det finns ett värmeelement ______________________________ (*bei dem Fenster*).
9. En hund ligger ______________________________ (*unter dem Tisch*).
10. (*Beim Kamin*) ______________________________ står två vinglas.

6. Übersetzen Sie den folgenden Text.

Maja ist zu Besuch in Hamburg und macht einen Spaziergang. Zuerst fährt sie mit dem Bus in der ganzen Stadt herum und steigt dann außerhalb des Zentrums aus. Von dort fährt sie mit dem Fahrrad in Richtung Rathaus. Das liegt hinter der Einkaufsstraße, gleich neben dem großen Rathausplatz. Anschließend geht sie über eine kleine Brücke und steht plötzlich vor der Alten Post. Neben der Post befindet sich eine Konditorei. Hier kauft sich Maja ein Eis. Danach fährt sie mit der U-Bahn zu ihrer Freundin. Die Wohnung der Freundin liegt gleich bei der Universität, zwischen Buchläden und Cafés.

Vokabelhilfe

einen Spaziergang machen	*ta sig en promenad*
Einkaufsstraße	*affärsgata, affärsgatan, affärsgator*
gleich neben, dicht bei	*strax intill*
anschließend	*i anslutning härtill*
Brücke	*bro, bron, broar*
Buchladen, Buchhandlung	*bokhandel, bokhandeln, bokhandlar*

17 Weitere Hinweise zu den Präpositionen

Wie im Deutschen gibt es auch bei den schwedischen Präpositionen Feinheiten, die beim Gebrauch zu beachten sind. So unterscheidet sich (leider) die Bedeutung einiger Präpositionen oft von der im Deutschen, da viele Präpositionen im Schwedischen über die im vorigen Kapiteln vorgestellte hauptsächliche Zuordnung hinausgehen und auch für andere Zwecke bzw. unter anderen Gesichtspunkten benutzt werden.

In der nachfolgenden Tabelle finden Sie eine Zusammenstellung verschiedener Bedeutungsfelder für einige schwedische Präpositionen, daran anschließend werden weitere sprachspezifische Sonderfälle aufgeführt.

Präpos.	lokal	temporal	modal	kausal
av	**von** *kungen av Sverige* (der) König von Schweden		**aus, vor** *gjord av metall* aus Metall *av glädje* vor Freude	**aus, vor, nach** *av rädsla* vor Furcht *döma av ngt.* nach etw. urteilen
efter	**hinter … her** *efter guiden* hinter dem Führer her	**nach** *efter många år* nach vielen Jahren	**nach** *fråga efter* fragen nach	**nach** *Jag söker efter …* Ich suche nach …
i	**auf, in, am** *sätta sig i soffan* sich auf das Sofa setzen *i huset* im Haus *i kiosken* am Kiosk	**in, im, am, während** *i tre år* drei Jahre (lang) *i början* am Anfang	**in** *i lugn och ro* in aller Ruhe	**aus** *i brist på* aus Mangel an
mot	**auf, nach** *fönstret mot trädgården* das Fenster nach hinten	**gegen** *mot kvällen* gegen Abend	**gegen** *mot smärta* gegen Schmerzen	**gegen, wider** *mot all förväntan* wider alle Erwartung

Präpos.	lokal	temporal	modal	kausal
på	**auf, in** *på Öland* auf Öland *bo på huvudvägen* in der Hauptstraße wohnen	**an, während** *på fredag* am Freitag *på tre månader* während drei Monaten	**auf** *på tyska* auf Deutsch	**auf** *på grund av ngt.* aufgrund von etw.
till	**in, nach, zu** *till Uppsala* nach Uppsala *gå till posten* zur Post gehen	**in, bis, zu** *till våren* im Frühling	**bis auf** *till sista man* bis auf den letzten Mann	**um** *till varje pris* um jeden Preis
under	**unter** *under bordet* unter dem Tisch	**in, während** *under natten* in der Nacht *under semestern* während der Ferien	**unter** *under kontroll* unter Kontrolle	
vid	**an, bei** *vid torget* am Marktplatz *vid huset* bei dem Haus	**um** *vid midnatt* gegen Mitternacht	**an** *sida vid sida* Seite an Seite	

Insbesondere die Präposition på erfährt unterschiedliche Übersetzungen ins Deutsche:

På hösten plockar vi svamp i skogen. — Im Herbst sammeln wir Pilze im Wald.
På måndag träffar jag företagsledningen. — Am Montag treffe ich die Geschäftsleitung.
Hanna gick på gymnasiet in Värnamo. — Hanna ging in Värnamo auf das Gymnasium.
Lycka till på testet! — Viel Glück bei dem Test!
Han segrade på poäng. — Er siegte nach Punkten.

Da die beiden Präpositionen i und på besonders häufig vorkommen und nicht selten abweichend vom Deutschen verwendet werden, dürften die folgenden Übersichten sehr hilfreich sein:

i	kyrka	*Två par gifter sig idag i kyrkan här.* Zwei Paare heiraten heute in der Kirche hier.
	länder	*Han jobbar i Berlin. Berlin är huvudstad i Tyskland.* Er arbeitet in Berlin. Berlin ist die Hauptstadt von Deutschland.
	skola	*Var ditt barn i skolan idag?* War dein Kind heute in der Schule?
	städer	*Han bor i Stockholm.* Er lebt in Stockholm.
	centrum	*Vi ska gå och handla i centrum.* Wir wollen zum Einkaufen in das Zentrum gehen.

på	banken	*Behöver du också ta ut pengar på banken?* Musst du auch Geld von der Bank abheben?
	bio	*De går på bio två gånger i veckan.* Sie gehen zweimal pro Woche ins Kino.
	dagis	*Mitt barnbarn går på dagis.* Mein Enkel geht in den Kindergarten.
	restaurang	*Vi äter middag på restaurang.* Wir essen zu Abend in einem Restaurant.
	sjukhus	*Min mor blev inlagd på sjukhus.* Meine Mutter wurde ins Krankenhaus eingeliefert.
	universitetet	*Han ska börja läsa ekonomi på universitetet.* Er wird das Studium der Wirtschaftswissenschaften an der Universität beginnen.
	adresse	*Jag bor på Lundgatan.* Ich wohne in der Lundgata.
	semester	*De har stängt för de är på semester.* Sie haben geschlossen, weil sie im Urlaub sind.

Es gibt auch Fälle, in denen im Deutschen eine Präposition steht, während im Schwedischen keine Präposition verwendet wird:

- bei der Angabe von Datum, Jahreszahl und Uhrzeit:

Hon fyller år den 15 mars.	Sie hat am 15. März Geburtstag.
Han föddes 1938.	Er wurde (im Jahre) 1938 geboren.
Idag slutar skolan klockan 12.	Die Schule schließt heute um 12 Uhr.

- bei einigen weiteren Zeitangaben:

(På) Måndag körde han hem.	Am Montag fuhr er nach Hause.
Nästa år läser han ekonomi.	Im nächsten Jahr studiert er Ökonomie.

- bei einigen Verben, die im Schwedischen ein direktes Objekt verlangen:

Teet smakar citron.	Der Tee schmeckt nach Zitrone.
Det luktar nybakad kaka i hela huset.	Es riecht im ganzen Haus nach frisch gebackenem Kuchen.

Übungen

1. Entscheiden Sie, welche der Präpositionen in den Satz passt.

1. Han bor __________________ huvudvägen i Lammhult.
   a) *i* c) *hos*
   b) *av* d) *på*

2. Vi bor __________________ kyrkan och rådhuset.
   a) *på* c) *före*
   b) *mellan* d) *av*

3. Läraren bor __________________ skolan.
   a) *över* c) *vid*
   b) *omkring* d) *på*

4. Vi beställer ett bord __________________ restaurangen.
   a) *i* c) *vid*
   b) *på* d) *över*

2. Übersetzen Sie.

Hinweis zur folgenden Übersetzungsübung:
Da es beim Lernen schwedischer Präpositionen notwendig ist, sich die im Vergleich zum Deutschen zum Teil doch sehr unterschiedlichen Anwendungsmöglichkeiten jeweils mit einzuprägen, finden Sie im Folgenden eine repräsentative Zusammenstellung von Übersetzungsübungen zu den wichtigsten Präpositionen.

av

1. Sie ist von königlichem Blut.
2. Meine Garderobe ist voll mit Kleidern.
3. Das ist ein Buch von einem deutschen Autor.
4. Mein Sohn ist sehr an Literatur interessiert.

efter

1. Wir treffen uns nach vielen Jahren.
2. Sieh im Buch nach!
3. Er hat nach dir gefragt.
4. Sprich mir nach!
5. Die Uhr geht nach.
6. Wir suchen nach einem Haus.
7. Ich sehne mich nach einem deutschen Bier.

enligt

1. Nimm die Medizin gemäß den Anweisungen des Arztes.
2. Nach meiner Meinung hast du Recht.

från

1. Der Flug von Berlin ist verspätet.
2. Den Führerschein darf man mit 17 Jahren machen.
3. Wir haben lange nichts von ihm gehört.
4. Es gibt eine direkte Verbindung von Rostock nach Trelleborg.

för

1. Sie ist verantwortlich für die Firma.
2. Wir haben die Steuern für das Haus bezahlt.
3. Siv erzählt es Nils.
4. Sie haben die Absicht, das Haus zu verkaufen.
5. Meine Mutter ist für ihren Kuchen bekannt.

genom

1. Wir fahren mit dem Campingwagen durch Schweden.
2. Sieh zum Fenster hinaus!
3. Die Waren kamen über den Kanal.

hos

1. Für ein Jahr wohnte ich dann zu Hause bei meinen Eltern.
2. Er kann bei uns wohnen.
3. Ich habe einen Termin beim Frisör.

i

1. Er ist wohnhaft in Berlin.
2. Ich nahm Unterricht in Schwedisch.
3. Wann kann man in Schweden in Rente gehen?
4. Wo gibt es hier in der Nähe ein gutes Lebensmittelgeschäft?
5. Misch dich nicht in anderer Leute Angelegenheiten ein.
6. Wir gehen einmal in der Woche schwimmen.
7. Gestern Nacht hat es geschneit.
8. Wir treffen (sehen) uns morgen.

med

1. Womit kann ich dir helfen?
2. Das Kind spielte mit seinen neuen Spielsachen.
3. Ich mache das mit gemischten Gefühlen.
4. Sprich mit dem Personalchef, wenn du an dem Job interessiert bist.

mellan

1. Das Mädchen sitzt zwischen ihren Eltern.
2. Wir hatten schönes Wetter in der Nacht von Sonntag zu Montag.

mot

1. Das hilft bei (gegen) Husten.
2. Ich fuhr bei Rot und musste Strafe zahlen.
3. Schweden hat keine Grenze mit Deutschland.
4. Du musst zu (mit) deinen Gästen höflich sein.

om

1. Letzte Nacht träumte ich von dir.
2. Der Bus fährt in einer Stunde ab.
3. Gunilla erzählte über ihren Sohn.

omkring

1. Wir saßen um den Tisch herum.
2. Wir waren um die (ungefähr) 30 Personen.

på

1. Ich war heute in der Bibliothek.
2. Er studierte an der Kunstakademie.
3. Er wartete unten auf der Straße auf uns.
4. Er arbeitet an einem Buch.
5. Ich wohne in der Nylundsgatan.
6. Sie näht mit der Hand und der Maschine.
7. Er steigt in dem Hotel »Drei Lilien« ab.
8. Darauf war ich nicht vorbereitet.
9. Wir sitzen auf einem bequemen Sofa.

till

1. Ich gehe jeden Morgen ins Büro.
2. Gibt es viele Tankstellen an der Autobahn E4 nach Stockholm?
3. Sie meldete sich bei der Fahrschule an.
4. Ich fand keinen Zeugen für den Autounfall.
5. Womit kann ich Ihnen dienen?
6. Kannst du einen Zehner in zwei Fünfkronenstücke wechseln?
7. Wir sparen für ein neues Auto.
8. Gibt es Post für mich?
9. Ich gehe am Nachmittag zum Friseur.
10. Sie fährt immer mit dem Fahrrad in die Schule.

under

1. Das Haus ist (befindet sich) im Bau.
2. Wir arbeiteten unter großem Druck.
3. Unterschreibe hier!
4. Im Mittelalter war Kalmar Schwedens größte Stadt.

utan

1. Das Essen war ohne Salz.
2. Das ist zweifellos (ohne Zweifel) wahr.

utom

1. Er hat ein uneheliches Kind.
2. Er hat keine Einkünfte außer der Pension.

vid

1. Wir brieten Äpfel am Feuer.
2. Er wohnt einsam in einem Haus am Meer.
3. Biege an der ersten Ampel nach links ab.
4. Studiert er an der Universität?
5. Wir marschierten Seite an Seite.
6. Du bekommst Kopfschmerzen, wenn du zu lange vor dem Computer sitzt.

åt

1. Ich habe rechts geblinkt.
2. Sie legte das Buch zur Seite.
3. Sie lachte über mich.

över

1. Er kaufte einen Stadtplan (eine Karte über die Stadt).
2. Können wir über Nacht bleiben?
3. Ich freue mich über …
4. Das Kind lief über die Straße.

18 Konjunktionen

a | Nebenordnende Konjunktionen

Nebenordnende Konjunktionen verbinden gleichartige Wörter, Wortgruppen (Satzglieder) oder Sätze miteinander. Sie werden im Schwedischen im Großen und Ganzen wie im Deutschen verwendet.

Hauptsatz	Konjunktion	Hauptsatz
Ridån gick upp Der Vorhang ging auf	*och* und	*föreställningen kunde börja.* die Vorstellung konnte beginnen.

Wichtige einfache nebenordnende Konjunktionen

Konjunktion	Beispielsatz
och und	*Och klar och säker lämnar du din man och dina barn?* Und klar und sicher verlässt du deinen Mann und deine Kinder?
eller oder	*Vill du ha te eller kaffe?* Willst du Tee oder Kaffee haben?
men aber	*Jag är inte musikalisk, men jag lyssnar gärna på musik.* Ich bin nicht musikalisch, aber ich höre gern Musik.
för denn	*Kontoret är stängt för personalen har semester.* Das Büro ist geschlossen, denn das Personal hat Ferien.

Wichtige doppelte nebenordnende Konjunktionen

Konjunktion	Beispielsatz
antingen … eller entweder … oder	*Vädret var antingen vackert eller regnigt.* Das Wetter war entweder schön oder regnerisch.
både … och sowohl … als auch	*Han skriver både romaner och dikter.* Er schreibt sowohl Romane als auch Gedichte.
inte bara … utan också nicht nur … sondern auch	*Han talar inte bara svenska, utan också tyska.* Er spricht nicht nur Schwedisch, sondern auch Deutsch.
såväl … som sowohl … als auch	*Resan var såväl vacker som intressant.* Die Reise war sowohl schön als auch interessant.
dels … dels teils … teils	*Vädret var dels vackert dels regnigt.* Das Wetter war teils schön, teils regnerisch.

b | Unterordnende Konjunktionen

Unterordnende Konjunktionen verbinden Haupt- und Nebensätze miteinander. Sie leiten einen Nebensatz ein. Dabei kann der Hauptsatz zuerst oder am Ende stehen:

Hauptsatz	Nebensatz
Du vet Du weißt,	*att vi har mycket tid.* dass wir viel Zeit haben.

Nebensatz	Hauptsatz
Att vi har mycket tid, Dass wir viel Zeit haben,	*vet du.* weißt du.

Im Schwedischen haben Nebensätze im Gegensatz zum Deutschen die gleiche Wortfolge wie Hauptsätze. Nur wenn der Nebensatz vor dem Hauptsatz steht, steht das Prädikat des Hauptsatzes – wie im Deutschen – vor dem Subjekt.

Wichtige unterordnende Konjunktionen

Konjunktion	Beispielsatz
att dass	*Tack för att du lagade bilen.* Danke, dass du das Auto repariert hast.
för att damit	*Jag tar på mig glasögonen för att jag ska se bättre.* Ich nehme die Brille, damit ich besser sehen kann.
som wie	*Som du vet bor vi i Stockholm.* Wie du weißt, wohnen wir in Stockholm.
eftersom weil, da	*Pojkarna badade inte eftersom vattnet var kallt.* Die Jungen badeten nicht, weil das Wasser kalt war.
om ob, wenn, falls	*Om vädret blir vackert kommer han på helgen.* Wenn das Wetter schön wird, kommt er am Wochenende.
då da, weil, als	*Hon hade visserligen haft tofflor på sig, då hon gick hemifrån, men vad hjälpte det!* Zwar hatte sie Pantoffeln an, als sie ging, aber was half es!
än als	*Det gick bättre än jag trodde.* Es ging besser, als ich dachte.
när wenn, als	*När han blev myndig flyttade han hemifrån.* Als er volljährig wurde, zog er von zu Hause weg.
innan bevor	*Jag måste höra de senaste nyheterna innan jag går.* Ich muss die neuesten Nachrichten hören, bevor ich gehe.
sedan seitdem	*Jag har åkt skidor sedan jag var en liten pojke.* Ich bin schon Ski gefahren, als (seit) ich (noch) ein kleiner Junge war.
medan während	*Smid medan järnet är varmt.* Schmiede das Eisen, solange es warm ist.

Übungen

1. Setzen Sie in den unten stehenden Sätzen jeweils die richtige Konjunktion ein.

a) *och … men*
b) *och*
c) *för*
d) *eller*
e) *men*
f) *för*

1. Hon vill sluta jobba ______________ bara resa.
2. Man kan bo på hotell ______________ vandrarhem.
3. Vi skulle vilja gå ______________ promenera, ______________ vädret är dåligt.
4. Mor kunde inte baka ______________ hon hade inga ägg hemma.
5. De var hemma, ______________ Siv var på semester.
6. Min son var oroligt ______________ hans katt var inte hemma.

2. Übersetzen Sie.

1. Es war kein Problem, das Auto abzuschleppen.
2. Ich weiß nicht recht, ob ich Recht habe.
3. Es ist ihr Verdienst, dass das Haus so sauber ist.
4. Das hier kostete (mal) vierzig Öre, als ich noch zur Schule ging.
5. Heute ist geschlossen, weil der Arzt im Urlaub ist.
6. Wenn der Frühling kommt, blühen einige Frühlingsblumen in meinem Garten.
7. Wir wissen, dass ihr keine Zeit habt.

Vokabelhilfe

abschleppen	*bogsera, bogserar, bogserade, bogserat*
Verdienst	*förtjänst, förtjänsten, förtjänster*
Frühling	*vår, våren, vårar*
blühen	*blomma, blommar, blommade, blommat*

3. Welche der folgenden unterordnenden Konjunktionen gehört wohin?

a) *då*
b) *när*
c) *innan*
d) *medan*
e) *att*

1. Johan idrottade ______________ han gick i skolan.
2. Huset var så dyrt ______________ vi inte kunde köpa det.
3. Vi måste vara hemma imorgon ______________ det kommer hantverkare.
4. Jag läser en bok ______________ du arbetar.
5. Hon gjorde läxorna ______________ hon spelade bordtennis.

4. Setzen Sie die Konjunktionen in dem folgenden Text an der richtigen Stelle ein.

och | *att* | *såväl* | *att* | *och* | *och* | *som* | *om* | *inte bara* | *medan* | *för* | *men när* | *för* | *utan också* | *att*

I varje resehandbok över Sverige kan man läsa ______________ det svenska köket inte är berömt, ______________ man jämför det med köken i t.ex. Italien eller Frankrike. ______________ vi besöker våra vänner, upplever vi ______________ det är lögn, ______________ vår vän är en underbar kock ______________ hans fru en ännu bättre kokerska.
______________ soppan till förrätt ______________ huvudrätten smakar jättebra. ______________ köttbullar med lingon ______________ lax smakar jättegott.
Så ______________ vi äter ______________ dricker förstår vi mer ______________ mer ______________ reseböckerna ljuger som en häst travar.

5. Übersetzen Sie.

1. Einwanderer aus EU-Ländern müssen eine Aufenthaltsgenehmigung beantragen, aber sie haben das Recht, ohne Arbeitserlaubnis zu arbeiten.
2. Er studiert Fremdsprachen, denn er will Dolmetscher werden.
3. Ich wünsche dir Glück und gute Gesundheit!
4. Bruder und Schwester sprechen wie aus einem Mund.
5. Du musst in dem Formular Geburtsdatum und Geburtsort angeben (schreiben).
6. Willst du Reis oder Kartoffeln?
7. Er ist in dem Film sowohl Regisseur als auch Schauspieler.
8. Wir wollen in Stockholm nicht nur Skansen, sondern auch das Moderne Museum besuchen.
9. Er spricht sowohl Schwedisch als auch Deutsch.
10. Der Film war teils interessant, teils langweilig.
11. Johan spielt sowohl Fußball als auch Handball.
12. Sie spricht nicht nur Deutsch, sondern auch Englisch.
13. Fußball ist sowohl in Schweden als auch in Deutschland ein sehr populärer Sport.
14. Ich lese im Urlaub entweder ein Buch oder eine Zeitung.

Vokabelhilfe

Einwanderer	*invandrare, invandraren, invandrare*
Aufenthaltsgenehmigung	*uppehållstillstånd, uppehållstillståndet, uppehållstillstånd*
Arbeitserlaubnis	*arbetstillstånd, arbetstillståndet, arbetstillstånd*
Dolmetscher	*tolk, tolken, tolkar*
Formular	*blankett, blanketten, blanketter*
Schauspieler	*skådespelare, skådespelaren, skådespelare*
langweilig	*långtråkig, långtråkigt, långtråkiga*
Zeitung	*tidning, tidningen, tidningar*

19 Die Grund- und Ordnungszahlen

Auch das Schwedische unterscheidet zwischen Grund-, Ordnungs- und Bruchzahlen.

Im Gegensatz zum Deutschen werden im Schwedischen die Zehnerzahlen allerdings vor den Einern gesprochen: *25* (im Deutschen: *fünfundzwanzig*) lautet im Schwedischen also *tjugofem*.

Umgangssprachlich ist es üblich, dass das auslautende -o bei den Zahlen *nio*, *tio* und *tjugo* eher wie ein offenes e (»Schwa-Laut« = ə) klingt. Das auslautende -o der weiteren Zehnerzahlen (*trettio*, *fyrtio*, *femtio* etc.) wird oft gar nicht ausgesprochen, sodass sie lautlich auf -i enden.

Die Ordnungszahlen werden durch Anfügen eines Suffixes an die jeweilige Grundzahl gebildet, wobei die Ordnungszahlen 1.–12. unregelmäßig sind. Die Ordnungszahlen 13.–19. bildet man durch Hinzufügen der Endung -de, die Zehnerzahlen (20., 30., 40. usw.) mithilfe der Endung -nde. Bei zusammengesetzten Zahlen wird lediglich die letzte Zahl mit einer entsprechenden Endung versehen (135. = *hundratrettiofemte*).

1 bis 10

	Grundzahl	Ordnungszahl
0	noll	
1	en, ett	första
2	två	andra
3	tre	tredje
4	fyra	fjärde
5	fem	femte
6	sex	sjätte
7	sju	sjunde
8	åtta	åttonde
9	nio	nionde
10	tio	tionde

10 bis 20

	Grundzahl	Ordnungszahl
10	tio	tionde
11	elva	elfte
12	tolv	tolfte
13	tretton	trettonde
14	fjorton	fjortonde
15	femton	femtonde
16	sexton	sextonde
17	sjutton	sjuttonde
18	arton	artonde
19	nitton	nittonde
20	tjugo	tjugonde

21 bis 999

	Grundzahl	Ordnungszahl
21	tjugoen / tjugoett	tjugoförsta
22	tjugotvå	tjugoandra
30	trettio	trettionde
40	fyrtio	fyrtionde
50	femtio	femtionde
60	sextio	sextionde
70	sjuttio	sjuttionde
80	åttio	åttionde
90	nittio	nittionde
100	(ett) hundra	(ett)hundrade
101	(ett) hundraen / hundraett	(ett)hundraförsta
205	tvåhundrafem	tvåhundrafemte
700	sjuhundra	sjuhundrade
999	niohundranittionio	niohundranittionionde

Beispiele mit ›Hundert‹

flera hundra	mehrere Hundert
några hundra	einige Hundert
hundratusen	hunderttausend
en bland hundra	einer unter Hundert
hundratal, -et, ~	Hunderter
i hundratal	zu Hunderten
hundratals människor	Hunderte von Menschen
hundraprocentig	hundertprozentig
hundraårig	hundertjährig
hundraåring, -en, -ar	Hundertjährige(r)
hundraårs|jubileum, -jubileet, -jubileer	Hundertjahrfeier
hundraårsminne, -t, -n	Hundertjahrfeier
hundrade, -t, -n	hundertste(r)
Må han leva i hundrade år!	Möge er hundert Jahre alt werden!

1000 bis 9000

	Grundzahl	Ordnungszahl
1000	(ett) tusen	tusende
1001	(ett) tusenen / tusenett	(ett)tusenförsta
2000	två tusen	tvåtusende
7585	sjutusenfemhundraåttiofem	sjutusenfemhundraåttiofemte

Beispiele mit ›Tausend‹

tusen	tausend
Tusen tack!	Tausend Dank!
flera tusen	mehrere Tausend
Tusen och en natt	Tausendundeine Nacht
tusenfoting, -en, -ar	Tausendfüßler
tusental, -et, ~	Tausender
i tusental / tusentals	zu Tausenden / tausendfach
på tusentalet	im 11. Jahrhundert
tusenårig	tausendjährig

Weitere Grundzahlen

	Grundzahl
1.000.000	en miljon
2.000.000	två miljoner
1.000.000.000	en miljard
2.000.000.000	två miljarder
1000.000.000.000	en biljon

Übungen

1. Ersetzen Sie in den folgenden Sätzen die in Klammern stehenden Zahlen durch ausgeschriebene Wörter.

1. Det är ______________________ (*17*) grader varmt ute.
2. Han ligger i ______________________ (*39*) graders feber.
3. Vi hade ______________________ (*23*) plusgrader.
4. Potatisarna kostar ______________________ (*35*) kr/kg.
5. Han cyklade ______________________ (*57*) km.

2. Finden Sie in diesem Buchstabensalat Zahlwörter?

D	T	F	J	Ä	R	D	E	L	V	A	L	D
F	R	E	L	R	T	O	L	V	U	A	H	O
F	E	M	T	E	S	J	F	Ö	R	S	T	A
Y	T	R	E	D	J	E	T	V	Å	S	R	N
R	T	I	O	R	U	F	E	M	T	E	E	D
A	N	D	R	A	E	P	M	T	V	X	Y	R
C	I	N	G	B	S	K	T	V	Å	T	T	A

3. Ordnen Sie jeweils die ausgeschriebene Zahl zu und ergänzen Sie anschließend die dazu passende ausgeschriebene Ordnungszahl.

a) *fyrtiofyra*
b) *niohundranittionio*
c) *sju*
d) *hundra*
e) *tjugofem*
f) *fem tusen*
g) *tolv*
h) *tvåhundrafemtiofem*

1. 7. __________ __________
2. 12. __________ __________
3. 25. __________ __________
4. 44. __________ __________
5. 100. __________ __________
6. 255. __________ __________
7. 999. __________ __________
8. 5000. __________ __________

4. Schreiben Sie die ausgeschriebenen Zahlen in Ziffern.

1. fem __________
2. femhundrafyrtionio __________
3. trettiotre __________
4. etthundrasextionio __________
5. fyrtiosex __________
6. åttiotre __________
7. etthundrafyrtioett __________
8. nitton __________
9. tretusentrehundrasextiosju __________
10. nittiotvå __________

20 Anwendung der Grundzahlen

Grundzahlen werden im Schwedischen nicht verändert. Nur die Zahl »eins« ist insofern veränderlich, als sie vor einem en-Wort en und vor einem ett-Wort ett lautet:

en man, en häst, en bil, en lärare
ett barn, ett lamm, ett hus

Aber: *Vi har tre bilar. Vi har tre barn.*

Im Folgenden werden kurz die wichtigsten Anwendungsgebiete der schwedischen Grundzahlen aufgeführt.

Substantivierte Grundzahlen

Grundzahlen können durch das Anfügen der Endung -a substantiviert werden und stehen dann mit dem unbestimmten Artikel en. Sie können ebenfalls mit dem bestimmten Artikel oder im Plural stehen:

unbestimmt	bestimmt	Plural
en etta	ettan	ettor
en tvåa	tvåan	tvåor
en trea	trean	treor
en fyra	fyran	fyror
en femma	femman	femmor

Är det där en etta? — Ist das eine Eins?
I huset finns det tre tvåor / 2:or. — In dem Haus gibt es drei Zweizimmerwohnungen.
Jag tar fyran till stationen. — Ich nehme die (Linie) 4 zum Bahnhof.
Äpplet kostar bara en femma. — Der Apfel kostet nur einen Fünfer.

Alle anderen Geldscheine werden wie folgt bezeichnet:

en femtilapp — ein Fünfzigkronenschein
Jag hittade en femtiolapp. — Ich fand einen Fünfzigkronenschein.

en hundralapp — ein Hundertkronenschein
Jag hittade en hundralapp. — Ich fand einen Hundertkronenschein.

hundring — Hunderter
en tusenlapp — Tausender

hundrakronorssedel — Hundertkronenschein
tusenkronorssedel — Tausendkronenschein

Zeitangaben

Hur mycket / vad är klockan? Klockan är ...	**Wie viel Uhr ist es? / Wie spät ist es? Es ist ...**
Klockan är tre.	Es ist drei (Uhr).
Klockan är tio över tre.	Es ist zehn nach drei.
Klockan är kvart över tre.	Es ist Viertel nach drei.
Klockan är halv fyra / 3 och trettio.	Es ist halb vier / 3 Uhr dreißig.
Klockan är kvart i fyra.	Es ist Viertel vor vier.
Klockan är fem i fyra.	Es ist fünf vor vier.

Altersangaben und Jahreszahlen

Min son är sex år gammal.	Mein Sohn ist sechs Jahre alt.
Hon fyller trettio år idag.	Sie wird heute dreißig Jahre alt.
Olof Palme mördades år 1986.	Olof Palme wurde im Jahre 1986 ermordet.
Gustav Vasa föddes 1496.	Gustav Vasa wurde 1496 geboren.
Lessing levde på 1700-talet.	Lessing lebte im 18. Jahrhundert.

Grundrechenarten

Addition	sju plus (/ och) åtta är femton	7 + 8 = 15
Subtraktion	tio minus tre är sju	10 – 3 = 7
Multiplikation	två gånger tre är sex	2 x 3 = 6
Division	nio dividerat (/ delat) med tre är tre	9 : 3 = 3

Maße, Gewichte, Geldbeträge und Temperaturangaben

Min far dricker en och en halv liter öl på kvällen.	Mein Vater trinkt eineinhalb Liter Bier am Abend.
Träbjälken är 3 meter lång.	Der Holzbalken ist 3 Meter lang.
Det är fyrtio mil från Värnamo till Stockholm.	Es sind vierzig Meilen von Värnamo nach Stockholm.
Paketet väger tre och ett halvt kilo.	Das Paket wiegt dreieinhalb Kilo.
Aprikoserna kostar 56 kr/kg (kronor kilot/per kilo).	Die Aprikosen kosten 56 Kr das Kilo / pro Kilo.
Han ligger i 40 graders feber.	Er liegt mit 40 Grad Fieber im Bett.

Wiederholung

en gång	einmal
två gånger	zweimal
tre gånger	dreimal
hundra gånger	hundertmal
tusen gånger	tausendmal

Barnbidraget betalas ut en gång *i månaden.*

Das Kindergeld wird einmal im Monat ausgezahlt.

Vervielfältigung

enkel	einfach
dubbel	doppelt
tredubbel	dreifach
fyrdubbel	vierfach

Übungen

1. Beantworten Sie folgende Fragen und schreiben Sie die Zahlen in den Antworten aus.

1. Hur många dagar har en vecka? ____________________
2. Hur många veckor har ett år? ____________________
3. Hur många dagar har ett år? ____________________
4. Hur många månader har ett år? ____________________

2. Schreiben Sie diese kleine Mathestunde als Text und lesen Sie diesen laut vor.

1. 37 + 5 = 42
2. 56 – 9 = 47
3. 13 x 5 = 65
4. 88 : 4 = 22

3. Stellen Sie die Frage nach dem Ergebnis und formulieren Sie dieses in einem Satz aus.

1. 4 x 9 = ____________________.
2. 45 – 23 = ____________________.
3. 24 : 8 = ____________________.
4. 12 + 33 = ____________________.

4. Rechnen Sie und schreiben Sie die Zahlen als Ziffern.

1. Hundraett plus nitton är ______.
2. Tjugoen dividerat med sju är ______.
3. Nitton minus åtta är ______.
4. (Ett)tusenett minus nittio är ______.
5. Hundratrettiofyra dividerat med två är ______.
6. Sjutton gånger nio är ______.

5. Hier sehen Sie Hannas Wochenplan. Formulieren Sie Fragen und Antworten dazu, was Hanna so vorhat.

måndag	14.15 19.45	utställning kvällskurs svenska
tisdag	13.00 16.55	idrottsförening, simma flytt till Stockholm
onsdag	på förmiddagen 19.00	gratulation till min fars födelsedag (sextio år gammal) middag med min far
torsdag	19.00	träffa Siv
fredag	17.30 19.45	gymnastik kvällskurs svenska
lördag	20.00	teaterbesök
söndag	20.30	besök hos Zakrisson

6. Beantworten Sie folgende Fragen. Schreiben Sie die Daten aus.

1. När mördades Gustav III? (*1792*)

   ______

2. När levde Selma Lagerlöf? (*1858–1940*)

   ______

3. När föddes Astrid Lindgren? (*14.11.1907*)

   ______

4. Vilket år skrev Astrid Lindgren »Pippi Långstrump«? (*1945*)

   ______

7. Beantworten Sie für sich selbst die folgenden Fragen.

1. Vad är det för datum idag?
2. När börjar din semester?
3. När fyller dina barn (din pappa, din mamma, din fru) år?

21 Anwendung der Ordnungszahlen

Lediglich die Ordnungszahlen första und andra sind veränderlich und erhalten die Endung -e statt -a (förste, andre), wenn sie sich auf männliche Substantive beziehen.

Reihenfolge und Häufigkeit

första/e (erste/r/s)

På träden kan du se de första gröna löven.	Am Baum kannst du die ersten grünen Blätter sehen.
Den förste sonen är Erik.	Der erste Sohn ist Erik.
först	(zu)erst
först nu	erst jetzt
först och främst	zuerst einmal
allra först	zuallererst
för det första	erstens
den första/e bästa/e	der / die erstbeste

andra/e (zweite/r/s)

Vi bor på andra våningen.	Wir wohnen im zweiten Stock.
för det andra	zweitens
resa andra klass	zweiter Klasse reisen
andrabil	Zweitwagen

aber auch: andra (andere/n) als Plural- oder bestimmte Form von annan *(Indef.pron.)*

på andra sidan månen	auf der anderen Seite des Mondes
de andra	die anderen

tredje (dritte/r/s)

vart tredje år	jedes dritte Jahr

tjugonde (zwanzigste/r/s)

Tåget går var tjugonde minut.	Der Zug geht alle zwanzig Minuten.

Datumsangaben

Idag är det den 5 april 2009. (gelesen: … den femte april …)	Heute ist der 5. April 2009.
Han föddes den 14 mars 1938. (gelesen: … den fjortonde …)	Er wurde am 14. März 1938 geboren.

Regentennamen

Den svenske kungen heter Carl XVI Gustav. (gelesen: … den sextonde …)	Der schwedische König heißt Carl XVI. Gustav.
Friedrich II var en tysk kejsare. (gelesen: … den andre …)	Friedrich II. war ein deutscher Kaiser.

Brüche

Bei Brüchen steht im Zähler eine Grundzahl, im Nenner eine Ordnungszahl mit der Endung -del(ar):

$\frac{1}{3}$	en tredjedel
$\frac{1}{4}$	en fjärdedel
$\frac{3}{4}$	tre fjärdedelar
$\frac{3}{5}$	tre femtedelar
$\frac{2}{6}$	två sjättedelar
$\frac{1}{100}$	en hundradel
$\frac{1}{1000}$	en tusendel

Allerdings gibt es eine Ausnahme: In Verbindung mit der Bruchzahl ½ steht sowohl im Zähler als auch im Nenner eine Grundzahl. Das dazugehörige Substantiv steht zudem im Singular:

en halv, ett halvt	einhalb
en halv meter	ein halber Meter
ett halvt kilo	ein halbes Kilogramm
en och en halv timme	eineinhalb Stunden
två och en halv veckor	zweieinhalb Wochen

Übungen

1. Übersetzen Sie.

1. Lena heißt die erste Tochter, Britt die zweite.
2. Wann hast du meinen Bruder zum ersten Mal getroffen?
3. Der Bus fährt alle zehn Minuten.

2. Beantworten Sie folgende Fragen.

1. När är nobeldagen? (*10. Dezember*)
2. När firas midsommar? (*um den 21. Juni*)
3. När firar man luciadagen i Sverige? (*13. Dezember*)
4. Vilket datum är det Sveriges nationaldag? (*6. Juni*)
5. När firar man valborgsmässoafton? (*30. April*)

Übergreifende Übungen zu den Zahlen

1. Schreiben Sie die Datumsangaben als Ziffern.

1. Olof Palme mördades den tjugoåttonde februari nittonhundraåttiosex.
2. Uppsala universitet grundades år fjortonhundrasjuttiosju.
3. Målaren Anders Zorn levde på nittonhundratalet.

2. Vervollständigen Sie die Sätze.

1. Han upplever sin (*erste*) ______________________________ kärlek.
2. Vi åker (*zweiter Klasse*) ______________________________ till Malmö.
3. Vi går och simmar (*zweimal*) ______________________________ i veckan.
4. Vi behöver bara (*ein halbes*) ______________________________ bröd.
5. Min mor är född (*am 5. Januar*) ______________________________ 1950.
6. Vi kör till Härjedalen vart (*dritte*) ______________________________ år.
7. Det är (*fünf Grad*) ______________________________ varmt ute.
8. (*Im Jahre 1995*) ______________________________ var jag i Sverige (*zum ersten Mal*) ______________________________.
9. Klockan är nu (*drei Viertel drei / Viertel vor drei*) ______________________________.

3. Übersetzen Sie.

1. Sag das bitte noch einmal.
2. Ich kaufte einen Einzelfahrschein.
3. Christian IV. gründete Kristianstad.
4. Wir gratulierten einem hundertjährigen Mann.
5. Mein Flug geht um 20.35 Uhr.
6. Das Eichenbrett ist anderthalb Meter lang.
7. Das kostet 100 Kronen.
8. Teste einen ganzen Monat »Värnamo Nyheter« für nur 79 Kronen!

Vokabelhilfe

gründen	*grunda, grundar, grundade, grundat*
gratulieren	*gratulera, gratulerar, gratulerade, gratulerat*
Eichenbrett	*ekbräde, ekbrädet, ekbräden*
testen	*prova, provar, provade, provat*

22 Hauptsätze

Im folgenden Kapitel konzentrieren wir uns ausschließlich auf einfache Satzkonstruktionen, d.h. auf Sätze mit nur einem konjugierten Verb.

Wie im Deutschen steht die finite Verbform in schwedischen Hauptsätzen immer an zweiter Stelle. Insgesamt entspricht die Wortstellung meist der deutschen.

Aussagesätze

Einfache Aussagesätze

Subjekt	Prädikat
Hans Hans	*skriver.* schreibt.
Hans Hans	*är trött.* ist müde.
Hans Hans	*ska skriva.* wird schreiben.

Aussagesätze mit Objekt(en)

Subjekt	Prädikat	Objekt
Hans Hans	*skriver* schreibt	*ett brev.* einen Brief.

Subjekt	Prädikat	indir. Objekt (Dativ)	dir. Objekt (Akkusativ)
Hans Hans	*skriver* schreibt	*Siv* Siv	*ett brev.* einen Brief.

Manchmal kann das Dativobjekt im Deutschen wie im Schwedischen durch eine Ergänzung mit Präposition ersetzt werden und steht dann hinter dem direkten Objekt (im Schwedischen bei *skriver* üblicher):

Subjekt	Prädikat	dir. Objekt (Akkusativ)	präpositionale Ergänzung
Hans Hans	*skriver* schreibt	*ett brev* einen Brief	*till Siv.* an Siv.

Aussagesätze mit Objekt und adverbialen Bestimmungen

Im Schwedischen steht die adverbiale Bestimmung meist am Satzende, im Deutschen befindet sie sich dagegen häufiger vor dem Objekt statt am Ende:

Subj.	Prädikat	(adv. Best. im Deutschen)	Objekt	adv. Best.
Hans	*skrev*		*ett brev*	*igår.*
Hans	schrieb	gestern	einen Brief.	
Hans	*skrev*		*ett brev*	*om dagen.*
Hans	schrieb	am Tag (= täglich)	einen Brief.	
Hans	*skrev*		*ett brev*	*på posten.*
Hans	schrieb	auf der Post	einen Brief.	

Auch möglich:

adv. Bestimmung	Prädikat	Subjekt	Objekt
Igår	*skrev*	*Hans*	*ett brev.*
Gestern	schrieb	Hans	einen Brief.

Eine andere Wortstellung als im Deutschen gilt bei zusammengesetzter Zeitenbildung:

adv. Best.	Prädikat	Subjekt	Prädikat	Objekt	(dt. Prädikat)
Imorgon	*ska*	*Hans*	*skriva*	*ett brev.*	
Morgen	wird	Hans		einen Brief	schreiben.

Es ist aber auch eine dem Deutschen entsprechende Wortstellung gebräuchlich (bei Präsens mit Zukunftsbedeutung):

adv. Bestimm.	Prädikat	Subjekt	Objekt
Imorgon	*skriver*	*Hans*	*ett brev.*
Morgen	schreibt	Hans	einen Brief.

Eine Lokalbestimmung steht im Schwedischen immer vor einer Temporalbestimmung:

Subjekt	Prädikat	ind. Obj.	dir. Objekt	Lokalbest.	Temporalbest.
Hans	*skrev*	*Siv*	*ett brev*	*på kontoret*	*igår.*
Hans	schrieb	Siv	einen Brief	im Büro	gestern.

Einführungskonstruktion

Im Unterschied zum Deutschen gibt es im Schwedischen eine spezielle Satzkonstruktion, die verwendet wird, wenn neue Personen oder Gegenstände in einem Gespräch eingeführt werden, sofern sie im Subjekt stehen. Der Satz beginnt dann nicht mit dem eigentlichen, sondern mit dem sogenannten formalen Subjekt det. Danach folgen das Verb und das eigentliche Subjekt.

Zwar ist die herkömmliche Abfolge (z.B. Subjekt – Prädikat – Objekt – adverbiale Bestimmung) auch korrekt, gebräuchlicher ist aber diese Einführungskonstruktion:

Ett barn leker på vägen. — Ein Kind spielt auf der Straße.
Det leker ett barn på vägen. — Es spielt ein Kind auf der Straße.

Någon är i huset. — Jemand ist im Haus.
Det är någon i huset. — Es ist jemand im Haus.

Mjölk finns i kylen. — Milch ist im Kühlschrank.
Det finns mjölk i kylen. — Es ist Milch im Kühlschrank.

Handdukar finns i badrummet. — Handtücher sind im Badezimmer.
Det finns handdukar i badrummet. — Es sind/gibt Handtücher im Badezimmer.

Fragesätze

Fragesätze ohne Fragewörter

In Fragesätzen ohne Fragewörter steht die finite Verbform immer an erster Stelle. Die Fragen werden auch Ja-/Nein-Fragen genannt, da sie in der Regel mit *ja* oder *nein* beantwortet werden können:

Prädikat	Subjekt
Skrev Schrieb	*Hans?* Hans?
Kommer Kommt	*han?* er?

Fragesätze mit Fragewörtern

Diese Fragesätze beginnen immer mit einem Fragewort (z.B. när, vad, vem) und werden auch Ergänzungsfragen genannt. Das finite Verb steht immer an zweiter Stelle:

Fragewort	Prädikat	Subjekt	Prädikat
När Wann	*skriver* schreibt	*Hans?* Hans?	
Vad Was	*ska* wird	*Hans* Hans	*skriva?* schreiben?

Temporalbestimmungen stehen in Fragen allerdings – anders als im Deutschen – am Ende des Satzes:

Fragewort	Prädikat	Subjekt		Prädikat	Temporalbest.
Vad Was	*ska* wird	*Hans* Hans	 heute	*skriva* schreiben?	*idag?*

Ausrufesätze

Hej Siv! Hallo Siv!
Vad tråkigt! Wie schade / traurig!

Imperativsätze

Im Gegensatz zu anderen Hauptsätzen steht das finite Verb (d.h. hier der Imperativ) an erster Stelle. Zudem kann auf das Subjekt verzichtet werden:

Prädikat	Objekt	adv. Bestimmung
Skriv! Schreibe!		
Skriv under Unterschreibe		*här!* hier!
Skriv (du) under Unterschreibe (du)		*här!* hier!
Skriv (du) under Unterschreibe (du)	*blanketten* das Formular	*här!* hier!

Wunschsätze

Länge leve Konungen! Lang lebe der König!
Måtte de bli lyckliga! Mögen sie glücklich werden!

Wortstellung bei Verneinung

Bei der Verneinung kommt es je nach Satztyp zu Veränderungen im Satzbau:

- inte steht am Ende, wenn das Prädikat nur aus einem Verb besteht:
  Hon läser inte. Sie liest nicht.
  Gå inte! Geh nicht!
- inte steht am Ende, wenn das Objekt ein Pronomen ist:
  Hon läser det inte. Sie liest es nicht.
  Känner min son henne inte? Kennt mein Sohn sie nicht?
- inte steht vor dem Objekt, wenn das Objekt kein Pronomen ist:
  Hon läser inte brevet. Sie liest den Brief nicht.
  Såg du inte bilen? Sahst du das Auto nicht?
- inte steht vor dem Hauptverb, wenn das Prädikat aus mehreren Teilen besteht:
  Hon vill inte läsa brevet. Sie will den Brief nicht lesen.
  Kan du inte tala svenska? Kannst du kein Schwedisch?

Aber: inte steht im Nebensatz *vor* dem Verb (bzw. dem gesamten Prädikat). Vergleichen Sie:

Hauptsatz:	*Han saknar inte jobbet.*	Er vermisst die Arbeit nicht.
Nebensatz:	*Jag vet att han inte saknar jobbet.*	Ich weiß, dass er die Arbeit nicht vermisst.

Übungen

1. Übersetzen Sie.

1. Sahst du mein Auto?
2. Triffst du heute Nils?
3. Ist dein Sohn an Kunst interessiert?
4. Sprich nicht so schnell!
5. Kannst du kommen?
6. Komm sofort nach Hause!
7. Möge alles gut gehen!
8. Wie schön die Sonne wärmt!
9. Das Schloss liegt im Zentrum der Stadt.
10. Kannst du ein preiswertes Hotel empfehlen?

Vokabelhilfe

interessiert (sein) an	*(vara) intresserad av*
Schloss	*slott, slottet, slott*
preiswert	*prisvärd, prisvärt*
empfehlen	*rekommendera, -r, -de, -t*

2. Bilden Sie aus den folgenden Wörtern Fragen.

1. barn | har | du
2. han | bor | i | Stockholm
3. köra | kan | bil | din | fru
4. en katt | familjen | Svenson | har
5. svenska | talar | din | bror
6. ni | beställa | vill
7. legitimationskort | du | ditt | har
8. ni | med | henne | hörde | intervjun
9. tidningsartikeln | du | läste
10. låna | jag | får | din | tidskrift

3. Stellen Sie Fragen zu den Sätzen.

1. Jag mår bra, tack.
2. Jag heter Lars.
3. Min mor är 60 år gammal.
4. Jag dricker te varje dag klockan tre.
5. Vi ska gå hem nu.
6. Han kommer klockan tre.
7. Jag handlar bröd på ICA.
8. Bussen går från stationen.
9. Jag sitter bredvid min syster.
10. Jag är arg.

4. Verneinen Sie die folgenden Sätze.

1. Jag har tid.
2. Motorn startar.
3. Svampen är giftig.
4. Det är bekant för mig.
5. Visste du det?
6. Hon har läst boken.
7. Har du träffat henne?
8. Spring fort!
9. Potatisarna är dyrare i Sverige än i Tyskland.
10. Hon sade att hon vill besöka Malmö.
11. Trafiken stockar sig så ofta på svenska motorvägar.
12. Jag tror att folk gillar det här.

5. Berichtigen Sie die folgenden Sätze, sodass diese gängigen Ausdrücke wieder stimmen. (Für die deutschen Entsprechungen s. Lösungsschlüssel.)

1. Han krökte ett finger.
2. Det är tillåtet att röka här.
3. Det går tyvärr.
4. Det var min mening.
5. Det kan vara rätt.
6. Jag förstår ett ord.
7. Jag blir klok på det här.
8. Jag skulle vilja vara i hans kläder.
9. Vi vill väga varje ord på guldvåg.
10. Låt den vänstra handen veta vad den högra gör!

6. Korrigieren Sie die Wortfolge.

1. Han inte förstår.
2. Siv någon cigarett röker inte.
3. Inte hon dricker te.
4. Inte jag kan spela piano.
5. Klockan sju Nils inte vaknar.
6. Inte han dricker kaffe?

23 Satzbau

a | Satzverbindungen

Satzverbindungen von zwei oder mehr Hauptsätzen

Satzverbindungen von zwei oder mehr Hauptsätzen werden durch Konjunktionen (*und, oder, aber, denn*) verbunden (siehe »18 – Konjunktionen. Nebenordnende Konjunktionen«).

1. Hauptsatz	Konjunktion	2. Hauptsatz
Siv sjunger Siv singt	*och* und	*Nils spelar dragspel.* Nils spielt Ziehharmonika.
Vill du ha ett glas vin Willst du ein Glas Wein haben	*eller* oder	*vill du fortfarande arbeta?* willst du noch arbeiten?
Jag är inte musikalisk Ich bin nicht musikalisch,	*men* aber	*jag lyssnar gärna på musik.* ich höre gern Musik.
Musikskolan är stängd Die Musikschule ist geschlossen,	*för* denn	*personalen har semester.* das Personal hat Urlaub.

Satzverbindungen von einem Hauptsatz und einem oder mehr Nebensätzen

Haupt- und Nebensatz werden durch neben- und unterordnende Konjunktionen, Relativpronomen oder Adverbien verbunden. Wie bereits erwähnt, hat ein Nebensatz im Schwedischen – im Gegensatz zum Deutschen – dieselbe Wortstellung wie ein Hauptsatz. Wenn ein Nebensatz zudem weitere Satzglieder (z.B. adverbiale Bestimmungen) enthält, steht die finite Verbform im Schwedischen an zweiter, im Deutschen hingegen an letzter Stelle:

	Subjekt	Prädikat	Lokalbest.	
	Siv	*gick*	*till skolan.*	
	Siv	ging	in die Schule.	
Jag såg att	*Siv*	*gick*	*till skolan.*	
Ich sah, dass	Siv		in die Schule	ging.

Verbunden durch neben- und unterordnende Konjunktionen

Hauptsatz	Nebensatz
Det är säkert Es ist sicher,	*att han kommer.* dass er kommt.
Hon tror Sie glaubt,	*att han är helt frisk.* dass er ganz gesund ist.
Vi vaknade Wir wurden wach,	*när solen gick upp.* als die Sonne aufging.

Steht der Nebensatz an erster und der Hauptsatz an zweiter Stelle, so erfolgt im Hauptsatz eine Umstellung der Satzglieder (sogenannte »Inversion«):

Nebensatz	Hauptsatz
Eftersom det regnade, Weil es regnete,	*stannade vi hemma.* blieben wir zu Hause.
Om det blir regn, Wenn es Regen gibt,	*stannar vi hemma.* bleiben wir zu Hause.

Weitere Beispiele finden Sie in dem Kapitel »18 – Konjunktionen«.

Verbunden durch Relativpronomen

Hauptsatz	Nebensatz
Ser du den lilla flickan Siehst du das kleine Mädchen,	*som leker där borta?* das da drüben spielt?

Hauptsatz, 1. Teil	Nebensatz	Hauptsatz, 2. Teil
Barnen, Die Kinder,	*som lekte på gården,* die auf dem Hof spielten,	*har gjort en snögubbe.* haben einen Schneemann gebaut.

Weitere Beispiele finden Sie in dem Kapitel »10 – Pronomen. Die Relativpronomen *som*, *vars* und *där*«.

Verbunden durch Adverbien

Hauptsatz	Nebensatz
Det finns inget varmt vatten i huset Es gibt kein warmes Wasser in dem Haus,	*där han bor.* in dem / wo er wohnt.
Jag vet inte Ich weiß nicht,	*var du bor.* wo du wohnst.

b | Indirekte Rede und indirekte Fragesätze

Indirekte Rede

Zur Wiedergabe von Aussagen anderer Personen folgt einem Hauptsatz mit einem Verb des Sagens oder Denkens ein Nebensatz in indirekter Rede. Das Verb des Nebensatzes steht dabei immer im Indikativ – anders als im Deutschen, wo das Verb zumindest schriftsprachlich im Konjunktiv stehen sollte.

Die Wortstellung der indirekten Rede gleicht der eines gewöhnlichen schwedischen Nebensatzes:

Hauptsatz	Nebensatz
Siv sa(de) Siv sagte,	*att Manuela inte talar svenska.* dass Manuela kein Schwedisch spricht/spreche.
Han ringde till kontoret och man sa(de) Er rief im Büro an und man sagte (ihm),	*att hon fortfarande arbetade.* dass sie noch arbeitet/arbeite.

In der Umgangssprache wird die Konjunktion *att* – insbesondere vor kurzen Nebensätzen – auch häufig weggelassen:

Erik säger (att) han arbetar igen. Erik sagt, dass er wieder arbeitet. / Erik sagt, er arbeite wieder.

Indirekte Fragesätze

Indirekte Fragesätze ohne Fragewörter werden mit *om* (*ob*) eingeleitet. Auch hier ist die Wortstellung wie in einem gewöhnlichen schwedischen Nebensatz:

Hauptsatz	Nebensatz
Föräldrarna undrar Die Eltern fragen sich,	*om sonen gör sina läxor.* ob der Sohn (seine) Hausaufgaben macht/mache.

Indirekte Fragesätze, die eine Ergänzungsfrage wiedergeben, werden mit dem entsprechenden Frageadverb oder -pronomen eingeleitet. Dabei ist es relevant, ob das Fragewort Subjekt oder Objekt des Fragesatzes ist. Ist es Subjekt (oder Teil des Subjekts) im Fragesatz, folgt dem Fragewort im indirekten Fragesatz das Relativpronomen *som*:

Hauptsatz	Nebensatz
Vet man Weiß man,	*vem som deltar?* wer teilnimmt?
Jag frågade Ich fragte,	*vad Hans skrev.* was Hans schrieb.

Übungen

1. Bilden Sie aus den gegebenen Wörtern korrekte Nebensätze.

1. Det går snabbt (*motorvägen, från Trelleborg, kör, man, om, till Stockholm*)
2. Jag skulle vilja ta någon extra försäkring (*mycket, reser, jag, när*)
3. Det här kostade fyrtio öre (*gick, i skolan, jag, när*)
4. Spara kvittot (*vill, du, byta, om*)
5. Prata med personalchefen (*intresserad, av jobbet, är, om, du*)
6. Man skall inte kasta sten (*i glashus, sitter, man, när*)
7. (*för sent, till redaktionen, jag, när, kommer*) blir chefredaktören mycket arg.

2. Verbinden Sie die beiden Sätze durch eine der angegebenen Konjunktionen.

eller | för | men | och | så

1. Vi ska åka till farfars sommarstuga ________________ ska bada där.
2. Jag skulle gå på bio ________________ jag var för trött.
3. Han mådde inte bra ________________ han sov dåligt.
4. Siv är glad ________________ hon har vunnit på Lotto.
5. Jag köpte en burk sylt ________________ jag kunde inte öppna den.
6. Det slutade blåsa ________________ det började regna.
7. Vi arbetar mycket ________________ vi har också många fester.
8. Siv har huvudvärk ________________ hon tar tabletter.
9. Jag äter frukost ________________ min make läser tidningen.

3. Übersetzen Sie.

1. Es regnete und kein Mensch war auf der Straße.
2. Siv ging in die Fahrschule, weil sie den Führerschein machen wollte.
3. Wenn du den neuen Film sehen möchtest, können wir morgen ins Kino gehen.
4. Nils schrieb den Brief, als seine Mutter nach Hause kam.
5. Man hat ein neues Lidlgeschäft eröffnet, (dort) wo ich wohne.
6. Halmstad ist eine schöne Stadt, wohin viele Touristen im Urlaub kommen.
7. Weißt du, dass wir heute in Urlaub fahren?
8. Es ist sicher, dass Siv kommt.
9. Jeder Redner muss deutlich sprechen, sodass alle ihn verstehen können.
10. Das Haus, in dem wir wohnen, liegt an der Küste.

Vokabelhilfe

regnen	*regna, regnar, regnade, regnat*
Mensch	*människa, människan, människor*
Führerschein	*körkort, körkortet, körkort*
(er)öffnen	*öppna, öppnar, öppnade, öppnat*
Redner	*talare, talaren, talare*
deutlich	*tydlig, tydligt, tydliga*
Küste	*kust, kusten, kuster*

4. Verbinden Sie jeweils die beiden Sätze miteinander.

1. Siv har en bror. Han går i skolan.
2. Jag undrar. Hanna talar svenska.
3. Jag undrar. Hur länge har Nils jobbat på fabrik?
4. Johan vill bjuda Hanna. Han tycker om henne.
5. Han hade kommit innanför dörren. Han kände sig säker.
6. Jag känner mig lycklig. Jag vandrar i den vackra naturen

5. Formulieren Sie jeweils einen Haupt- und einen Nebensatz und verbinden Sie die Sätze mit der angegebenene Konjunktion.

1. Johan, idrottade | när | gick, i skolan, han
2. de senaste nyheterna, måste höra, jag | innan | går, jag
3. flyger, mor, bara, min | om | måste, hon
4. röker, cigarett, en, Marion | medan | telefon, i, hon, pratar
5. Eftersom | teven, sönder, har gått | en, läser, han, bok
6. inte, kunde, hon, baka | för | hade, mjöl, inget, hon, hemma

6. Bilden Sie indirekte (Frage-)Sätze auf Schwedisch.

Beispiel: Emma fragt: »Wann hast du Geburtstag?«
Emma vill veta när det är min födelsedag.

1. Siv fragt: »Wie heißt der Mann da drüben?«
2. Gösta möchte wissen: »Hat sie den Brief geschrieben?«
3. Du sagtest: »Ich habe keine Zeit.«
4. Peter erzählte: »Meine Tochter spricht kein Schwedisch.«
5. Ameli fragt sich: »Wie kommt er mit dem Job zurecht?«
6. Johans Mutter möchte wissen: »Wann wird er endlich Urlaub machen?«
7. Märta fragte: »Wie heißt das Hotel da drüben?«
8. Göran fragte: »Welche Station liegt am nächsten?«
9. Sie will wissen: »Wie spät ist es?«
10. Der Tourist fragte: »Was werden wir in Berlin besuchen?«

Vokabelhilfe

erzählen	*berätta, berättar, berättade, berättat*
sich fragen	*undra, undrar, undrade, undrat*
zurechtkommen, sich wohlfühlen	*trivas, trivs, trivdes, trivts*

Lösungsschlüssel

1 Substantive (Geschlecht | Artikel Singular | Pluralbildung) *S. 12–16*

1. Füllen Sie die Lücken mit *en* oder *ett*.

1. en stad 2. ett land 3. en ö 4. ett språk 5. en viktig dag 6. en sjö 7. ett berg 8. en tysk stad 9. ett djur 10. Ett bord

2. Wählen Sie das richtige Wort aus.

1. b) bilen 2. c) skogen 3. d) Museet 4. d) en sommarstuga / b) sommarstuga (ohne Artikel nur im Schwedischen möglich) 5. c) Varuhuset / a) Varuhusen 6. b) taket 7. a) rosor 8. b) en meter

3. Setzen Sie den Plural ein.

1. barn 2. bord 3. elever 4. glas 5. bananer 6. timmar 7. ben 8. fingrar 9. armar 10. äpplen

4. Ergänzen Sie die fehlenden Formen.

Singular		Plural	
unbestimmte Form	bestimmte Form	unbestimmte Form	bestimmte Form
en bro	bron	*två* broar	broarna
en fader	fadern	*två* fäder	fäderna
en bok (ein Buch)	boken	*två* böcker	böckerna
ett stycke	stycket	*två* stycken	styckena
en kilometer	kilometern	*två* kilometer	kilometerna
en blomma	blomman	*två* blommor	blommorna
en moder	modern	*två* mödrar	mödrarna
en katt	katten	*två* katter	katterna
ett tak	taket	*två* tak	taken
en arm	armen	*två* armar	armarna
en händelse	händelsen	*två* händelser	händelserna
en timme	timmen	*två* timmar	timmarna
en släkting	släktingen	*två* släktingar	släktingarna
en programmerare	programmeraren	*två* programmerare	programmerarna
ett knä	knä(e)t	*två* knän	knäna
en hand	handen	*två* händer	händerna
en kust	kusten	*två* kuster	kusterna
ett vykort	vykortet	*två* vykort	vykorten
en läkare	läkaren	*två* läkare	läkarna
en vinter	vintern	*två* vintrar	vintrarna

5. Wandeln Sie die Subjekte der folgenden Sätze in die bestimmte Form um.

1. Kortet och adressboken ligger på bordet. 2. Jackan, kjolen och blusen hänger på klädhängaren. 3. Kvinnan och barnet står på vägen. 4. Teaterbesöket är alltid intressant. 5. Bilen befinner sig i garaget. 6. Fåret och lammet är i stallet.

6. Übersetzen Sie.

1. Bilmekanikern arbetade mycket bra. (*Im gesprochenen Schwedisch wird das einfache Perfekt bevorzugt.*) 2. Bilverkstäder(/na) har öppet mellan 8.00 – 20.00 på vardagar. (*Bilverkstäder* ohne bestimmten Artikel ist in diesem Fall im Schwedischen gebräuchlicher.) 3. Blinkern fungerar myket säkert. 4. Finns det många bensinstationer på motorvägen E4 till Stockholm? 5. Hörs trafiken mycket här på natten? 6. Hon anmälde sig till trafikskolan. 7. Jag hittade inget vittne till bilolyckan. 8. Vi har två döttrar och tre barnbarn. 9. Vi har våra kontorslokaler i den höga byggnaden där. 10. Vi behöver en byrå med många lådor.

7. Ergänzen Sie die fehlenden Wörter.

1. Ledamöterna diskuterar förslaget i riksdagen. 2. Lagen säger att man måste ha ljus på bilen. 3. Hon fick två års fängelse. 4. Ungefär 85 % av befolkningen bor i södra delen av Sverige. 5. Det finns ett bibliotek i kommunen. 6. När är det val nästa gång? 7. Finansministern talade om Tysklands ekonomi i framtiden. 8. Sverige har en ny regering. 9. Rysslands president kommer till Sverige på helgen. 10. Festligheterna kröntes med en galamiddag. 11. Kungen och drottningen är mycket populära i Sverige. 12. Sverige är en konstitutionell monarki och en parlamentarisk demokrati.

8. Ersetzen Sie den Ausdruck in Klammern durch die richtige Pluralform.

1. systrar 2. timmar 3. städer 4. turister 5. sandstränder 6. tyskar, hus 7. hästar 8. vårblommor 9. rosor 10. barn

9. Setzen Sie das fehlende Substantiv ein.

Vår svenska väderrapport

Vår svenska granne har ett mycket stort och fint garage till sin bil. Men bilen står alltid ute på gatan. Även på natten står bilen där. Hans bil är där på måndagarna och på tisdagarna, på sommaren och på vintern. Nu har vi vinter. Min fru kommer hem med hunden. Hon säger: »Vår granne körde in sin bil i garaget.« Oh, det är farligt. Det kommer att bli minst 20 minusgrader. Jag måste värma upp mitt garage.

10. Wie heißt die Grundform im Singular?

busschaufför (busschaufförer) | kassörska (kassörskorna) | mobiltelefon (mobiltelefonerna) | övning (övningar) | päron (päron) | sjuksköterska (sjuksköterskor) | biolog (biologerna) | bilverkstad (bilverkstäderna) | tjänstebrev (tjänstebreven)

2 Substantive (Der freistehende bestimmte Artikel | Die Fälle) *S. 20/21*

1. Übersetzen Sie.

1. Vi ropar på de stora döttrarna. 2. Här bor den fina flickan. 3. Han arbetar en halvtimme. 4. Ser du det röda huset? 5. Jag läser den sista sidan av boken. 6. Där ligger ett fint äpple. 7. Vi har köpt den gamla sommarstugan i närheten av Stockholm. 8. De besöker Vita huset i Washington.

2. Welche Form des freistehenden Artikels ist richtig?

1. c) den gamla bilen 2. a) den stora båten 3. d) hela dagen 4. c) i den vackra naturen 5. c) det gula huset 6. a) de bekväma stolarna 7. c) norra delen 8. a) halva veckan 9. b) Det dåliga vädret

3. Formulieren Sie die passenden Genitivstrukturen.

1. lärarens bil 2. barnets cykel 3. Lars/Lars´ syster 4. Emmas nycklar 5. kvinnans hus 6. pojkens leksaker 7. min brors hund

4. Übersetzen Sie.

1. Barnens föräldrar arbetar fortfarande. 2. Efter fyra timmars sömn fortsatte vi vår resa. 3. Familjen Zakrissons hus är nymålat. 4. Det är Svens nya bil. 5. Hannas bröder arbetar i Lund. 6. Lagets spel var inte bra. 7. Min brors hund är mycket gammal. 8. Vi bor i ett fyravåningshus. 9. Parkeringsplats endast för rökeriets kunder!

3 Adjektive *S. 26–30*

1. Welche Lösung ist richtig?

1. c) dåliga 2. c) lediga 3. d) gemensamma 4. a) intressant

2. Übertragen Sie das jeweilige Adjektiv in die Neutrumform.

1. ett fint djur 2. ett stort träd 3. ett rött äpple 4. ett nytt piano 5. ett blått öga 6. ett vitt papper

3. Setzen Sie die richtige Pluralform ein.

1. många långa broar 2. fyra bra test 3. många vackra blommar 4. fem små barn 5. två stora hästar

4. Übertragen Sie das jeweilige Adjektiv in die Pluralform.

1. många klara färger 2. många duktiga personer 3. många kloka idéer 4. tre flitiga elever 5. fyra gula citroner 6. två blåa ögon 7. fem vita flaggor

5. Setzen Sie das Adjektiv in der richtigen Form ein.

1. gråa 2. grått 3. grå 4. vit 5. vitt 6. vita 7. röda 8. röd 9. svarta 10. vuxen 11. vuxna 12. vuxet 13. vuxna

6. Welche Adjektivform passt in den jeweiligen Satz?

1. b) nya 2. b) stort 3. b) grön 4. a) fin 5. a) grönt 6. a) nytt 7. b) fattiga 8. a) eleganta 9. b) billiga 10. a) mjuk … len

7. Setzen Sie die richtige Adjektivform ein.

1. stort 2. stor 3. ny 4. gott nytt 5. stor 6. stor 7. stort 8. liten … nätt 9. flitig 10. lång 11. långt

8. Finden und korrigieren Sie die Fehler.

1. Det är hans starka sida. 2. Det var så lite. 3. Pojken gick ut i vida världen. 4. Låt inte den vänstra handen veta vad den högra gör! 5. Vi har underbara vänner i Sverige. 6. Ni har en ny sommarstuga med alla moderna bekvämligheter. 7. Mina föräldrar är friska. 8. Läraren läste med ljudlig röst.

9. Setzen Sie die Adjektive in der richtigen Form ein.

1. Min fru köpte en blå blus, ett blått bälte och två blåa örhängen. 2. Min mor har en vit kappa, ett vitt paraply och ett par vita vantar. 3. Min bror har en gammal jacka, ett gammalt linne och ett par gamla jeans. 4. Siv och Nils har två små hundar och ett stort akvarium med många små, vackra fiskar i. 5. Frank har en röd, liten Fiat, Manuela har en stor, svart Volvo.

10. Gleichen Sie die Adjektive an.

1. vitt 2. söt 3. ljust 4. rött 5. mellanstor 6. brett 7. lycklig, vackra 8. svag 9. god

11. Setzen Sie jeweils das entsprechende schwedische Adjektiv ein.

1. modern 2. ny 3. stor, fin 4. lång 5. gammal 6. röda 7. stora 8. fint 9. nya 10. intressant

12. Übersetzen Sie.

1. En vacker dag kommer han. 2. Vilket vackert armbandsur du har! 3. Behöver du en enkel biljett? 4. Han har två vuxna barnbarn. 5. Igår hade vi ett intressant samtal. 6. Vi tycker inte om den gråa vardagen. 7. Min bil har ett mycket bra batteri. 8. Bageriet hade bara hårt bröd.

13. Finden und korrigieren Sie die Fehler.

En typisk småländsk upplevelse
Vi har en ny svensk granne. Han är en mycket flitig man. Han står uppe på det höga taket på sitt nya hus. Han reparerar det trasiga taket. Taket är öppet. Man måste stänga det öppna taket så snabbt som möjligt, för det ser ut att bli storm. Många mörka åskmoln syns på den svarta himlen, ett förskräckligt dåligt väder. Det kommer snart att regna. Men vad nu? Mannen tar sin långa stege och går ner. Han tar sin nya gräsklippare. Vad gör han? Han klipper det 2 cm korta gräset i trädgården kortare.

4 Die Steigerung der Adjektive *S. 34/35*

1. Korrigieren Sie die falschen Steigerungsformen.

1. kort | kortare | kortast 2. säker | säkrare | säkrast 3. gammal | äldre | äldst 4. spännande | mer spännande | mest spännande 5. mogen | mognare | mognast 6. ung | yngre | yngst 7. trött | tröttare | tröttast 8. tung | tyngre | tyngst

2. Übersetzen Sie.

1. Du är min bästa väninna. 2. Hon är den bästa väninnan. 3. Han är den bästa vännen. 4. Vem är yngst av de båda, han eller hon? 5. Hon är den vackraste flickan. 6. Byxorna ser bättre ut. 7. Båten är större. 8. Våren är årets härligaste tid.

3. Setzen Sie die korrekte Form ein.

1. högsta 2. tystare 3. tydligare 4. det värsta 5. ordentligare

4. Schreiben Sie für die im folgenden Text enthaltenen Adjektive den Positiv, Komparativ und Superlativ heraus.

Min svenska är inte så bra. Ofta kan jag inte förstå den jag pratar med och jag ber: »Var snäll och tala långsammare och tydligare.« Efter det upprepar min partner detsamma, men högre och – snabbare. Men min svenska blir bättre och bättre …

Positiv	*bra*	långsam	tydlig	hög	snabb
Komparativ	bättre	*långsammare*	*tydligare*	*högre*	*snabbare*
Superlativ	bäst	långsammast	tydligast	högst	snabbast

5 Adverbien

S. 41–44

1. Entscheiden Sie, welches Lokaladverb in welchen Satz gehört.

1. f) hit, auch möglich: b) hem 2. d) där 3. e) dit 4. g, h) inne, ute 5. a) hemma 6. c) bort, auch möglich: b) hem 7. b) hem, auch möglich: e) dit 8. i) uppför

2. Übersetzen Sie.

1. Det är kallt ute. Jag går in nu. 2. Inne i lägenheten är det varmt. 3. Eva leker ute. 4. Det snöar uppe i Alperna. 5. När är vi framme i Lund? 6. Hon satt uppe i tornet. 7. Man kan se det nere till vänster. 8. Kom hit genast/ögonblickligen! 9. Det kommer aldrig på fråga! 10. Min mor arbetade alltid med liv och lust. 11. Trafiken stockar sig sällan på svenska motorvägar. 12. I ett år bodde jag hemma hos mina föräldrar. 13. Det gick ingen färja så tidigt. 14. Han kom för sent till bussen. 15. Han studerar fortfarande.

3. Wie muss es richtig heißen?

1. b) bra 2. b) precis / a) exakt 3. a) ganska 4. a) sent 5. b) mycket 6. b) ganska 7. a) inte

4. Übersetzen Sie.

1. Han talade svenska mycket bra. 2. Det var så lite (så). 3. Behöver du också ta ut pengar? 4. Man ser inte ett moln på himlen. 5. Att göra upp eld är inte tillåtet. 6. Det gör saken bara värre. 7. Det hade jag alldeles glömt bort.

5. Setzen Sie in die folgenden Sätze die passenden Interrogativadverbien ein.

1. b) När / c) Var 2. a) Hur / b) När 3. a) Hur 4. c) Var 5. e) Vart 6. b) När 7. d) Varifrån / b) När

6. Füllen Sie die Lücken mit dem passenden schwedischen Wort.

1. fortfarande 2. ögonblickligen 3. först, sedan 4. sällan 5. tidigt

7. Setzen Sie das richtige Fragewort ein.

1. När 2. Vem 3. Varifrån / När 4. Hur 5. Varför 6. Var 7. Hur

8. Übersetzen Sie.

1. Var bor han? 2. Vart går hon? 3. När kan man gå i pension i Sverige? 4. Hur ska jag ta medicinen? 5. När slutar du jobba? 6. Hur skall det sluta? 7. Hur länge har du bott här? 8. Varifrån kommer (flyg)planet? 9. Varför är du i Sverige? 10. Vad är det? 11. Vad heter det på svenska? 12. Vad har du för yrke?

6 Die Steigerung der Adverbien *S. 45/46*

1. In diese Sätze haben sich einige Fehler eingeschlichen. Korrigieren Sie sie.

1. Vi träffas tidigast nästa år. 2. Vilket hus tycker du bäst om? 3. Min mor hör sämre än min far. 4. Johan tjänar mer än sin syster Hanna.

2. Übersetzen Sie.

1. Jag kan inte vänta längre. 2. Maten smakade bra och glassen smakade bättre, men ölet/ölen smakade bäst. 3. Bilisten körde för fort. Men polisen körde fortare. 4. Jag äter helst rökt lax. 5. Jag äter ofta sill och potatis. 6. Vilken planet är (*besser*: ligger) närmast jorden? 7. Han är sämst betald. 8. Betalar du lite mer, får du bättre kvalitet.

3. Füllen Sie die Lücken aus.

1. bättre 2. minst, mest 3. sent, senare, senast 4. gärna, hellre, helst

7 Personalpronomen *S. 48/49*

1. Setzen Sie das richtige Personalpronomen ein.

1. Hon 2. Hon 3. Han 4. hon 5. de 6. Han 7. De 8. ni, Vi

2. Ersetzen Sie die kursiven Teile durch das passende Personalpronomen.

1. Hon 2. Han 3. De 4. Hon 5. Det 6. De 7. Vi 8. Det 9. Han, dem 10. Han (Hon)

3. Setzen Sie *mig, dig, honom* oder *henne* ein.

1. mig 2. mig 3. henne 4. henne 5. dig 6. honom

4. Übersetzen Sie.

1. Finns det någon post till mig? 2. Kan du skicka ett fax till mig? 3. Jag ber dig om en tjänst. 4. Varje talare måste prata tydligt, så att alla kan förstå honom/henne. 5. Det finns handdukar i badrummet. 6. Mor läste en saga för oss varje kväll. 7. Vi önskar er ett gott nytt år! 8. De ger dem äpplen.

8 Possessivpronomen S. 52–54

1. Füllen Sie die Lücken mit *sin* oder *sina*.

1. sina 2. sin 3. sina 4. sina 5. sina

2. In den folgenden Sätzen haben sich Fehler eingeschlichen. Finden Sie sie?

1. Finn är mitt barn. 2. Vad heter ert/era barn? 3. Det är mitt hus. 4. Bilen är min. 5. Var bor din bror? 6. Hans är min son. 7. Hans son är fem år gammal. 8. Läraren väntar på sina elever. 9. Han är berömd för sina böcker.

3. Setzen Sie die richtige Form des Possessivpronomens ein.

1. mitt 2. hans 3. Hennes 4. Våra 5. din, ditt 6. dina

4. Übersetzen Sie.

1. Johan bor i Värnamo. På helgen åker han till sin sommarstuga i närheten av Lund. 2. Gunnar har vänner på Öland. Han åker till sina vänner på sommaren. 3. Nils tycker om sin fru. 4. Sven tycker om hans fru. 5. Lore och Hans har ett hus i Småland. Resegruppen är på besök i deras hus. 6. Sivs syster har en svensk man. Siv tycker om hennes man. 7. Evas syster och hennes man har barn. Eva ska träffa deras barn i Stockholm.

5. *Sin, sitt* oder *sina*?

1. sin 2. sina 3. sina 4. sin 5. sina 6. sina 7. sin 8. sin 9. sitt /sina 10. sin

6. Setzen Sie in dieser kleinen Geschichte statt der deutschen die schwedischen Possessivpronomen ein.

I vår skog bor en grävling. Han är vår grävling. Vår grävling håller sitt grävlingsgryt, sitt bo, mycket rent. För vår grävling är det mycket viktigt att hans hem är rent. En kväll iakttar vi en räv. Jag vet att räven är ett klokt djur, men hans tassar är inte ägnade för att gräva en rävlya. Vår grävling observerar räven. Räven inspekterar hans gryt. Och slutligen stannar han. Båda djuren bor nu sedan ett par veckor tillbaka i sin håla tillsammans. Våra vänner som besöker oss frågar: »Måste vi betala inträde till er djurpark nu?« Vår räv är tyvärr inte så renlig som hans kamrat önskar. Därför flyttar kamraten ut ur boet. Räven lever nu själv i sitt bo.

9 Demonstrativpronomen *S. 57*

1. Entscheiden Sie: *de här* oder *det här*?

1. de här 2. det här 3. det här 4. det här 5. det här 6. Det här / De här 7. det här 8. det här 9. De här

2. Übersetzen Sie.

1. Den boken vill jag läsa. 2. Vi hade samma svårigheter. 3. Böckerna är desamma. 4. Vi har samma lägenhet. 5. Adressen är densamma. 6. Vad heter den här växten? 7. Den filmen har jag inte sett.

10 Weitere Pronomen *S. 61–63*

1. Übersetzen Sie.

1. Var tredje sommar är jag i Amerika. 2. Varannan vecka tar jag bilen till Stockholm. 3. Vartannat år semestrar jag med husvagnen. 4. Vi äter frukost varje dag klockan nio. 5. Jag visar dig allt jag äger. 6. Jag går till kontoret varje morgon. 7. Allt talar för att du har rätt. 8. Hon har ingen egen lägenhet. 9. Ingen fann mig. 10. Det spelar ingen roll. 11. Jag har ingen aning. 12. Rolf och Lore har inga barn.

2. Bilden Sie aus den zwei Sätzen jeweils einen Satz, indem Sie den zweiten als Relativsatz in den ersten Satz einbauen oder umgekehrt!

1. Där kommer tåget som går till Värnamo. 2. Skorna som jag köpte förra veckan klämmer. 3. Pojken som jag pratade med heter Nils. 4. Barnen vars lärare är sjuk har ledigt. 5. Jag pratade med några föräldrar vars barn gick i samma klass. 6. Han visade mig rummet som var mycket stort. 7. Mannen som du ser där borta är min granne. 8. Affären som vi ofta köper frukter i öppnar klockan tio. 9. Mannen vars bil blev stulen bor i Helsingborg. 10. Här är filmen som jag hittade hemma.

3. Übersetzen Sie.

1. Vi ser en man som läser. 2. Vi ser en kvinna som talar. 3. Vi ser några människor som diskuterar. 4. Vi ser ett foto av en båt som åker till Nydala. 5. Vi åker till Hamburg där vi ska/tänker besöka hamnen. 6. Vi gick på bio där vi såg en modern film. 7. Flickan, vars föräldrar är skilda, bor hos sina farföräldrar. 8. Nils har köpt en begagnad bil vars motor är nyrenoverad. 9. Mannen, vars pass hade försvunnit, var förtvivlad. 10. Pojkarna köpte en kamera vars pris var nedsatt.

4. Setzen Sie das passende Indefinitpronomen ein.

1. något 2. något 3. några 4. något/några 5. någon 6. några

5. Übersetzen Sie.

1. Vad heter det på svenska? 2. Vem står där? 3. Vem sade det? 4. Vems bil är det där? 5. Vilka av er talar svenska? 6. Vem knackar på dörren? 7. Vad sysslar du med nu? 8. Vad studerar han? 9. Vad kan jag hjälpa dig med? 10. Vems fel är det? 11. Vilket riktnummer har Stockholm? 12. Vilket yrke har hon? 13. Från vilket spår går tåget?

11 Präsens und Präteritum (Die vier Konjugationen) *S. 68–71*

1. Tragen Sie das Verb in der richtigen Form ein.

1. cyklar/cyklade 2. kostar/kostade 3. lagar/lagade 4. tittar/tittade 5. pratade 6. handla 7. frågar 8. Svarar/Svarade 9. spela 10. snöar/snöade

2. Welche Form ist richtig?

1. d) bilar 2. c) kör 3. b) lagade/ lagar/ lagat (verkürzter Gebrauch) 4. b) ligger 5. a) parkera 6. b) sover / a) sov

3. Übersetzen Sie.

1. Han sitter i fåtöljen. 2. Sätt dig på höger sida. 3. Man ställer sig i kö. 4. Han stod på vägen. 5. Han låg i sängen. 6. Han går och lägger sig.

4. Tragen Sie jeweils die richtige Verbform ein.

regna: 1. regnar/regnade 2. regna 3. regnar 4. regnade || öppna: 1. Öppnar/Öppnade 2. öppnar 3. öppna 4. öppnar/öppnade || hitta: 1. hittar/hittade 2. hittade 3. hittar 4. hittar || skriva: 1. skriva 2. skriver 3. skrev 4. skriva

5. Hier stimmt doch was nicht! Finden Sie den Fehler.

1. jag tittar 2. det stinker 3. du kände 4. hon säger 5. hon skrev 6. jag vet 7. det kallades

6. Setzen Sie die richtige Verbform ein.

1. skär 2. stekte 3. smakar 4. äter 5. koka 6. få 7. består av

12 Das Partizip Präsens und der Imperativ *S. 74/75*

1. Übersetzen Sie.

1. Romanen är tröttande. 2. Vi tar ett bindande beslut. 3. En studerande bor på internat. 4. Han går sjungande i skogen. 5. Vi ser badande barn. 6. I de senaste nyheterna ser man en argumenterande politiker. 7. I första klass sitter läsande elever. 8. Jag läste en beskrivande reseberättelse. 9. Vi drack ett/en välsmakande öl. 10. I filmen ser man en gråtande mor. 11. Vi måste beakta ett bestående beslut.

2. Formen Sie die folgenden Aussagen jeweils zu einem höflichen Imperativ um.

1. Skriv till mig, är du snäll! / Var snäll och skriv till mig! 2. Öppna fönstret, är du snäll! / Var snäll och öppna fönstret! 3. Bestäm dig, är du snäll! / Var snäll och bestäm dig! 4. Tala långsamt och tydligt, är du snäll! / Var snäll och tala långsamt och tydligt! 5. Ring mig, är du snäll! / Var snäll och ring mig! 6. Köp fiskekort, är du snäll! / Var snäll och köp fiskekort! 7. Stäng dörren, är du snäll! / Var snäll och stäng dörren! 8. Ta hunden i kopplet, är du snäll! / Var snäll och ta hunden i kopplet! 9. Hjälp mig, är du snäll! / Var snäll och hjälp mig! 10. Se efter i boken, är du snäll! / Var snäll och se efter i boken!

3. Übersetzen Sie.

1. Var snäll och duka bordet! 2. Gå hem! 3. Skriv upp adressen! 4. Var snäll och stäng fönstret! 5. Tro mig! 6. Läs boken! 7. Sätt dig på andra sidan! 8. Läs juridik! 9. Berätta om din semester!

4. Formulieren Sie jeweils eine Aufforderung.

1. Pojke, titta inte bara på TV hela dagen! 2. Förkyl dig inte nu igen! 3. Gå och fråga i turistbyrån! 4. Lägg upp en hemsida på nätet åt mig! 5. Ring angående annonsen! 6. Läs tidningsartikeln! 7. Hör de senaste nyheterna innan du går! 8. Res inte alltid med så mycket bagage! 9. Ta min resväska! 10. Köp en returbiljett!

13 Das Supinum und das Partizip Perfekt *S. 79/80*

1. Bilden Sie das Supinum von folgenden Verben.

1. legat 2. suttit 3. stått 4. gått 5. kommit 6. stigit 7. sprungit 8. flugit

2. Setzen Sie das Supinum ein.

1. Har du läst boken? 2. Vad har ni gjort idag? 3. Jag har låtit reparera bilen. 4. Planet från Berlin har landat. 5. Flickorna hade redan farit till idrottsplatsen.

3. Setzen Sie jeweils die richtige Form der angegebenen Verben ein.

1. snöat, snöa 2. laga, lagade 3. arbetar, arbetat 4. tittade, tittat 5. tvättat, tvätta

4. Übersetzen Sie.

1. Han har/hade frågat sin fru. 2. Jag har/hade byggt ett hus. 3. Jag har/hade bott i Berlin. 4. Jag har/hade bett min son. 5. Hon har/hade sjungit mycket bra.

5. Setzen Sie von den angegebenen Verben die richtige Form ein.

1. gav 2. gå 3. flydde 4. förstådde 5. sa 6. åt, drack 7. bodde 8. sy 9. tagit 10. mådde

6. Setzen Sie für das im Infinitiv stehende Verb das Partizip Perfekt ein.

1. rökta 2. nymålade 3. bakad 4. badat 5. betald 6. köpta 7. skrivet

7. Bilden Sie zu den angegebenen Verben das schwedische Partizip Perfekt und setzen Sie es anschließend an passender Stelle in der richtigen Form ein.

1. ritat 2. beställda 3. besiktigade 4. publicerad 5. målad 6. badade

14 Passiv und Futur *S. 84/85*

1. Übersetzen Sie ins Deutsche.

1. Martin wird nach Berlin fahren. 2. Nächstes Jahr werde ich Urlaub in Deutschland machen. 3. Das Theater wird am 22. Februar eröffnet. 4. Was wollt ihr nächste Woche machen? 5. Du wirst schon schlafen, wenn wir nach Hause kommen. 6. Morgen wird es bestimmt regnen. 7. Wir haben die Absicht, ein neues Haus zu kaufen. 8. Wirst du morgen Abend zur Party gehen? 9. Ich werde im Urlaub Schwedisch lernen. 10. Sie haben vor, nach Stockholm zu ziehen.

2. Bilden Sie aus den deutschen Aktivsätzen schwedische Passivsätze.

1. I Sverige dricks mycket kaffe. 2. Projektet presenteras under veckan. 3. Breven har postats (av mig). 4. Ansökan har tyvärr inte blivit bearbetad av kvinnan. 5. I Sverige talas många dialekter. 6. Paketet ska skickas av mig. 7. Astrid Lindgrens böcker läses ännu idag. 8. De trasiga gatorna måste repareras. 9. Min bror blev uppsagd igår. 10. Först kommer elkabeln att anslutas.

3. Übersetzen Sie.

1. Klänningen syddes igår. 2. Boken översätts till tyska. 3. Efter klockan 2 serveras kaffe. 4. Fabriken stängs. 5. Min bil lagades. 6. Hotellräkningen skrevs. 7. Varan beställs. 8. Huset såldes. 9. Huset blev målat/målades. 10. Tre personer blev skadade/skadades. 11. Min cykel blev stulen/stals. 12. Hans hus blir sålt/säljs. 13. Butiken blir stängd.

15 Reflexive Verben, Hilfsverben und Modalverben *S. 89/90*

1. Kreuzen Sie an: Ist der Satz richtig oder falsch?

1. Vill du inte sätta dig hos oss? richtig 2. Vad ~~sysselsätter du med~~ falsch (*sysselsätter du dig med*)? 3. Han gick till badrummet ~~för att raka~~ falsch (*för att raka sig*). 4. Flickan tog på sig en ny blus. richtig 5. Han har misstagit sig. richtig 6. Läraren klädde sig mycket bra. richtig

2. Übersetzen Sie.

1. Kan vi steka fiskarna här? 2. Mor kunde inte baka för hon hade inga ägg hemma. 3. Vi vill köpa ett diskmedel. 4. Kan du ta min resväska? 5. Är det fint så kan jag sola mig. 6. Du måste se det här programmet på tv i dag. 7. En internationell konferens ska starta nästa vecka.

3. Ersetzen Sie in den folgenden Sätzen jeweils das deutsche Modalverb durch das entsprechende schwedische.

1. Vi kunde inte komma. 2. Kan vi steka fiskarna här? 3. Jag måste köpa ett skärp. 4. Statsministern ska presentera den nya regeringen i dag. 5. Jag skulle vilja tala med dig mellan fyra ögon. 6. Han må leva hundra år! 7. Jag måste höra de senaste nyheterna innan jag går. 8. Han vill läsa fysik i Lund.

4. Übersetzen Sie die Sätze und entscheiden Sie, ob ein Reflexivpronomen einzusetzen ist, und wenn ja, welches.

1. Vi borde skynda oss. 2. Jag lär mig finska. 3. Varför sätter ni er inte? 4. Han rakar sig inte ofta. 5. Pia och Max gifte sig igår. 6. Tvättar du håret varje dag? 7. En tjuv bröt sig in i museet. 8. Var snäll och tvätta händerna. 9. Han torkar sig nu. 10. Vad lagar du till middag idag?

5. Das Lied der Pippi Langstrumpf weckt bei Ihnen sicherlich Erinnerungen an die Kindheit. Schreiben Sie die Verben aus dem Lied heraus, ...

Verb	Grammatische Form	Übersetzung
kommer	Präsens v. *komma*	kommt
har	Präsens v. *ha*	hast
sett	Supinum v. *se*	gesehen
heter	Präsens v. *heta*	heißt
vill	Präsens v. *vilja*	willst
veta	Infinitiv (ohne *att*)	wissen
bor	Präsens v. *bo*	wohnt
är	Präsens v. *vara*	ist
att ha	Infinitiv des Hilfsverbs	zu haben
kom	Imperativ v. *komma*	kommt (Pl.)
känner	Präsens v. *känna* (alt)	kenne
ska(ll)	Präsens v. *ska*	sollen/werden
leva	Infinitiv (ohne *att*)	leben

16 Präpositionen S. 95/96

1. Welche Präposition ist richtig?

1. efter 2. från 3. för 4. i 5. mellan 6. omkring 7. På 8. under

2. Setzen Sie die passende Präposition ein.

1. av 2. av 3. över 4. på 5. till 6. efter 7. för 8. över 9. av

3. Hier haben sich ein paar Fehler eingeschlichen. Wie muss es richtig heißen?

1. Monumentet är gjort av sten. 2. Vi letar efter hus. 3. Barnen lekte med sina nya leksaker. 4. Han var lycklig över brevet. 5. Det består av två delar. 6. Vi fick veta det genom bekanta. 7. Kan jag betala med check? 8. De åkte på semester utan sina barn.

4. Setzen Sie die richtige Präposition ein.

1. av 2. Från 3. genom 4. hos/bredvid 5. i 6. mellan 7. på 8. till 9. vid 10. över

5. Beschreiben Sie, was Sie wo sehen.

1. ... framför bordet. 2. ... i hörnet. 3. ... på bordet. 4. ... bakom bordet. 5. Framför fönstret ... 6. ... på väggen. 7. ... på soffan. 8. ... vid fönstret. 9. ... under bordet. 10. Bredvid/Vid den öppna spisen ...

6. Übersetzen Sie den folgenden Text.

Maja är på besök i Hamburg och tar sig en promenad. Först åker hon omkring med bussen i hela staden och sedan stiger hon av utanför centrumet. Därifrån cyklar hon mot rådhuset. Det ligger bakom/efter affärsgatan, strax intill den stora rådhusplatsen. I anslutning härtill går hon över en liten bro och står plötsligt framför den gamla posten. Bredvid posten finns ett konditori. Här köper Maja sig en glass. Därefter åker hon med tunnelbanan till sin vännina. Vänninans lägenhet ligger precis vid universitetet, mellan bokaffärer och caféer.

17 Präpositionen (Zusammenstellung) S. 100–103

1. Entscheiden Sie, welche der Präpositionen in den Satz passt.

1. d) på 2. b) mellan 3. c) vid 4. b) på

2. Übersetzen Sie.

av: 1. Hon är av kungligt blod. 2. Min garderob är full av kläder. 3. Det är en bok av en tysk författare. 4. Min son är mycket intresserad av litteratur.

efter: 1. Vi ses efter många år. 2. Se efter i boken! 3. Han frågade efter dig. 4. Säg efter mig! 5. Klockan går efter. 6. Vi letar efter ett hus. 7. Jag längtar efter en/ett tysk öl.

enligt: 1. Ta medicinen enligt läkarens anvisningar. 2. Enligt min bedömning har du rätt.

från: 1. Flyget från Berlin är försenat. 2. Körkort får man ta från 17 års ålder. 3. Det var längesedan vi hörde från honom. 4. Det finns en direktförbindelse från Rostock till Trelleborg.

för: 1. Hon är ansvarig för firman. 2. Vi har betalat skatten för huset. 3. Siv berättar det för Nils. 4. De har för avsikt att sälja huset. 5. Min mor är känd för sina kakor.

genom: 1. Vi kör genom Sverige med husvagn. 2. Titta ut genom fönstret! 3. Varorna kom genom kanalen.

hos: 1. Jag bodde hemma hos mina föräldrar i ett år. 2. Han kan bo hos oss. 3. Jag har en tid hos frisören.

i: 1. Han är bosatt i Berlin. 2. Jag tog lektioner i svenska. 3. När kan man gå i pension i Sverige? 4. Var finns det någon bra livsmedelsaffär här i närheten? 5. Lägg dig inte i andras angelägenheter. 6. Vi går och simmar en gång i veckan. 7. Det snöade igår natt. 8. Vi ses i morgon.

med: 1. Vad kan jag hjälpa dig med? 2. Barnet lekte med sina nya leksaker. 3. Jag gör det med blandade känslor. 4. Tala med personalchefen om du är intresserad av jobbet.

mellan: 1. Flickan sitter mellan sina föräldrar. 2. Vi hade fint väder på natten mellan söndag och måndag.

mot: 1. Det hjälper mot hosta. 2. Jag körde mot rött och fick betala böter. 3. Sverige har ingen gräns mot Tyskland. 4. Du måste vara hövlig mot dina gäster.

om: 1. Igår natt drömde jag om dig. 2. Bussen avgår om en timme. 3. Gunilla berättade om sin son.

omkring: 1. Vi satt omkring bordet. 2. Vi var omkring 30 personer.

på: 1. Jag var på biblioteket idag. 2. Han studerade på konstakademin. 3. Han väntade på oss nere på gatan. 4. Han arbetar på en bok. 5. Jag bor på Nylundsgatan. 6. Hon syr för hand och på maskin. 7. Han tar in på hotell »Tre Liljor«. 8. Det var jag inte förberedd på. 9. Vi sitter på en bekväm soffa.

till: 1. Jag går till kontoret varje morgon. 2. Finns det många bensinstationer på motorvägen E4 till Stockholm? 3. Hon anmälde sig till trafikskolan. 4. Jag fann inget vittne till bilolyckan. 5. Vad kan jag stå till tjänst med? 6. Kan du växla en tia till två femkronor? 7. Vi sparar till en ny bil. 8. Finns det någon post till mig? 9. Jag går till frisör(e)n i eftermiddag. 10. Hon cyklar alltid till skolan.

under: 1. Huset är under byggnad. 2. Vi arbetade under stort tryck. 3. Skriv under här! 4. Under medeltiden var Kalmar Sveriges största stad.

utan: 1. Maten var utan salt. 2. Det är utan tvivel sant.

utom: 1. Han har ett barn utom äktenskapet. 2. Han har inga inkomster utom pensionen.

vid: 1. Vi stekte äpplen vid elden. 2. Han bor ensam i ett hus vid havet. 3. Ta till vänster vid det första trafikljuset. 4. Läser han vid universitetet? 5. Vi marscherade sida vid sida. 6. Du får huvudvärk när du sitter för länge vid datorn.

åt: 1. Jag blinkade åt höger. 2. Hon lade boken åt sidan. 3. Hon skrattade åt mig.

över: 1. Han köpte en karta över staden. 2. Kan vi stanna över natten? 3. Jag är glad över ... 4. Barnet sprang över gatan.

18 Konjunktionen *S. 106/107*

1. Setzen Sie in den unten stehenden Sätzen jeweils die richtige Konjunktion ein.

1. b) och 2. d) eller 3. a) och ... men 4. c) för 5. e) men 6. f) för

2. Übersetzen Sie.

1. Det var inget problem att bogsera bilen. 2. Jag vet inte riktigt om jag har rätt. 3. Det är hennes förtjänst att huset är så rent. 4. Det här kostade fyrtio öre när jag gick i skolan. 5. Idag är det stängt eftersom doktorn är på semester. 6. När våren kommer, blommar några vårblommor i min trädgård. 7. Vi vet att ni inte har tid.

3. Welche der folgenden unterordnenden Konjunktionen gehört wohin?

1. b) när 2. e) att 3. a) då / b) när 4. d) medan 5. c) innan

4. Setzen Sie die Konjunktionen in dem folgenden Text an der richtigen Stelle ein.

I varje resehandbok över Sverige kan man läsa att det svenska köket inte är berömt, om man jämför det med köket i t.ex. Italien eller Frankrike. Men när vi besöker våra vänner, upplever vi att det är lögn, för vår vän är en underbar kock och hans fru en ännu bättre kokerska. Inte bara soppan till förrätt utan också huvudrätten smakar jättebra. Såväl köttbullar med lingon som lax smakar jättegott. Så medan vi äter och dricker förstår vi mer och mer, att reseböckerna ljuger som en häst travar.

5. Übersetzen Sie.

1. Invandrare från EU-länderna måste söka uppehållstillstånd, men de har rätt att arbeta utan arbetstillstånd. 2. Han läser främmande språk för han vill bli tolk. 3. Jag önskar dig lycka till och god hälsa! 4. Bror och syster talar med en mun. 5. Du måste skriva födelsedatum och födelseort på blanketten. 6. Vill du ha ris eller potatis? 7. Han är både regissör och skådespelare i filmen. 8. I Stockholm tänker vi inte bara besöka Skansen, utan också Moderna Museet. 9. Han talar såväl svenska som tyska. 10. Filmen var dels intressant dels långtråkig. 11. Johan spelar både fotboll och handboll. 12. Hon talar inte bara tyska utan också engelska. 13. Fotboll är en mycket populär sport i Sverige såväl som i Tyskland. 14. Jag läser antingen en bok eller en tidning på semestern.

19 Die Grund- und Ordnungszahlen *S. 110/111*

1. Ersetzen Sie in den folgenden Sätzen die in Klammern stehenden Zahlen durch ausgeschriebene Wörter.

1. sjutton 2. trettionio 3. tjugotre 4. trettiofem 5. femtiosju

2. Finden Sie in diesem Buchstabensalat Zahlwörter?

Lösungsbuchstaben waagerecht sind fett, senkrecht blau markiert.

D	T	**F**	**J**	**Ä**	**R**	**D**	**E**	**L**	**V**	**A**	L	D
F	R	E	L	R	**T**	**O**	**L**	**V**	U	A	H	O
F	**E**	**M**	**T**	**E**	S	J	**F**	**Ö**	**R**	**S**	**T**	**A**
Y	**T**	**R**	**E**	**D**	**J**	**E**	**T**	**V**	**Å**	S	R	N
R	**T**	**I**	**O**	R	U	**F**	**E**	**M**	**T**	**E**	E	D
A	**N**	**D**	**R**	**A**	E	P	M	T	V	X	Y	R
C	I	N	G	B	S	K	T	V	**Å**	**T**	**T**	**A**

3. Ordnen Sie jeweils die ausgeschriebene Zahl zu und ergänzen Sie anschließend die dazu passende ausgeschriebene Ordnungszahl.

1. c) sju, sjunde 2. g) tolv, tolfte 3. e) tjugofem, tjugofemte 4. a) fyrtiofyra, fyrtiofjärde
5. d) (ett) hundra, (ett) hundrade 6. h) tvåhundrafemtiofem, tvåhundrafemtiofemte
7. b) niohundranittionio, niohundranittionionde 8. f) fem tusen, femtusende

4. Schreiben Sie die ausgeschriebenen Zahlen in Ziffern.

1. *5* 2. *549* 3. *33* 4. *169* 5. *46* 6. *83* 7. *141* 8. *19* 9. *3367* 10. *92*

20 Anwendung der Grundzahlen *S. 114/115*

1. Beantworten Sie folgende Fragen und schreiben Sie die Zahlen in den Antworten aus.

1. En vecka har sju dagar. 2. Ett år har femtiotvå veckor. 3. Ett år har trehundrasextiofem eller trehundrasextiosex dagar. 4. Ett år har tolv månader.

2. Schreiben Sie diese kleine Mathestunde als Text und lesen Sie diesen laut vor.

1. Trettiosju plus fem är fyrtiotvå. 2. Femtiosex minus nio är fyrtiosju. 3. Tretton gånger fem är sextiofem. 4. Åttioåtta dividerat med fyra är tjugotvå.

3. Stellen Sie die Frage nach dem Ergebnis und formulieren Sie dieses in einem Satz aus.

1. trettiosex 2. tjugotvå 3. tre 4. fyrtiofem

4. Rechnen Sie und schreiben Sie die Zahlen als Ziffern.

1. *120* 2. *3* 3. *11* 4. *911* 5. *67* 6. *153*

6. Beantworten Sie folgende Fragen. Schreiben Sie die Daten aus.

1. sjuttonhundranittiotvå 2. artonhundrafemtioåtta till nittonhundrafyrtio 3. fjortonde november nittonhundrasju 4. Nittonhundrafyrtiofem

21 Anwendung der Ordnungszahlen *S. 117/118*

1. Übersetzen Sie.

1. Lena heter den första dottern, Britt den andra. 2. När träffade du min bror för första gången? 3. Bussen går var tionde minut.

2. Beantworten Sie folgende Fragen.

1. Nobeldagen är den tionde december. 2. Man firar midsommar omkring den tjugoförsta juni. 3. Luciadagen firas den trettonde december. 4. Sveriges nationaldag är den sjätte juni. 5. Valborgsmässoafton firas den trettionde april.

Übergreifende Übungen zu den Zahlen (S. 118)

1. Schreiben Sie die Datumsangaben als Ziffern.

1. 28 februari 1986 2. 1477 3. 1900-talet

2. Vervollständigen Sie die Sätze.

1. första 2. andra klass 3. två gånger 4. ett halvt 5. den 5 januari 6. tredje 7. fem grader 8. År 1995, första gången 9. kvart i tre

3. Übersetzen Sie.

1. Var snäll och säg det en gång till. 2. Jag köpte en enkel biljett. 3. Christian IV grundade Kristianstad. 4. Vi gratulerade en hundraårig man. 5. Mitt flyg går 20.35. 6. Ekbrädet är en och en halv meter långt. 7. Det kostar hundra kronor. 8. Prova »Värnamo Nyheter« i en hel månad för endast 79 kr!

1. Übersetzen Sie.

1. Såg du min bil? 2. Träffar du Nils idag? 3. Är din son intresserad av konst? 4. Tala inte så fort! 5. Kan du komma? 6. Kom genast hem! 7. Må allt gå bra! 8. Vad skönt solen värmer! 9. Slottet ligger i stadens centrum. 10. Kan du rekommendera ett prisvärt hotell?

2. Bilden Sie aus den folgenden Wörtern Fragen.

1. Har du barn? 2. Bor han i Stockholm? 3. Kan din fru köra bil? 4. Har familjen Svenson en katt? 5. Talar din bror svenska? 6. Vill ni beställa? 7. Har du ditt legitimationskort? 8. Hörde ni intervjun med henne? 9. Läste du tidningsartikeln? 10. Får jag låna din tidskrift?

3. Stellen Sie Fragen zu den Sätzen.

1. Hur mår du? 2. Vad heter du? 3. Hur gammal är din mor? 4. När dricker du te varje dag? 5. Vart ska vi gå nu? 6. När kommer han? 7. Var handlar du bröd? 8. Varifrån går bussen? 9. Vem sitter du bredvid? 10. Varför är du arg?

4. Verneinen Sie die folgenden Sätze.

1. Jag har inte tid. 2. Motorn startar inte. 3. Svampen är inte giftig. 4. Det är inte bekant för mig. 5. Visste du det inte? 6. Hon har inte läst boken. 7. Har du inte träffat henne? 8. Spring inte (så) fort! 9. Potatisarna är inte dyrare i Sverige än i Tyskland. 10. Hon sade att hon inte vill besöka Malmö. 11. Trafiken stockar sig inte så ofta på svenska motorvägar. 12. Jag tror inte att folk gillar det här.

5. Berichtigen Sie die folgenden Sätze, sodass diese gängigen Ausdrücke wieder stimmen.

1. Han krökte inte ett finger. *Er machte keinen Finger krumm.* 2. Det är inte tillåtet att röka här. *Rauchen verboten.* 3. Det går tyvärr inte. *Das geht leider nicht.* 4. Det var inte min mening. *Das wollte ich nicht.* 5. Det kan inte vara rätt. *Das kann nicht richtig sein.* 6. Jag förstår inte ett ord. *Ich verstehe kein Wort / nur Bahnhof.* 7. Jag blir inte klok på det här. *Daraus werde ich nicht schlau.* 8. Jag skulle inte vilja vara i hans kläder. *Ich möchte nicht in seinen Schuhen stecken.* 9. Vi vill inte väga varje ord på guldvåg. *Lasst uns nicht jedes Wort auf die Goldwaage legen.* 10. Låt inte den vänstra handen veta vad den högra gör! *Lass die linke Hand nicht wissen, was die rechte tut.*

6. Korrigieren Sie die Wortfolge.

1. Han förstår inte. 2. Siv röker inte någon cigarett. 3. Hon dricker inte te. 4. Jag kan inte spela piano. 5. Nils vaknar inte kl 7. 6. Dricker han inte kaffe?

23 Satzbau

1. Bilden Sie aus den gegebenen Wörtern korrekte Nebensätze.

1. Det går snabbt om man kör motorvägen från Trelleborg till Stockholm. 2. Jag skulle vilja ta någon extra försäkring när jag reser mycket. 3. Det här kostade fyrtio öre när jag gick i skolan. 4. Spara kvittot om du vill byta. 5. Prata med personalchefen om du är intresserad av jobbet. 6. Man skall inte kasta sten när man sitter i glashus. 7. När jag kommer för sent till redaktionen blir chefredaktören mycket arg.

2. Verbinden Sie die beiden Sätze durch eine der angegebenen Konjunktionen.

1. Vi ska åka till farfars sommarstuga och ska bada där. 2. Jag skulle gå på bio men jag var för trött. 3. Han mådde inte bra så han sov dåligt. 4. Siv är glad för hon har vunnit på Lotto. 5. Jag köpte en burk sylt men/och jag kunde inte öppna den. 6. Det slutade blåsa men/och det började regna. 7. Vi arbetar mycket men vi har också många fester. 8. Siv har huvudvärk så hon tar tabletter. 9. Jag äter frukost och/men min make läser tidningen.

3. Übersetzen Sie.

1. Det regnade och det var inte en människa ute på gatan. 2. Siv gick i trafikskolan eftersom hon ville ta körkort. 3. Om du vill se den nya filmen kan vi gå på bio i morgon. 4. Nils skrev brevet när hans mor kom hem. 5. Det öppnades en ny Lidlaffär där jag bor. 6. Halmstad är en vacker stad dit många turister kommer på semester. 7. Vet du att vi åker på semester idag? 8. Det är säkert att Siv kommer. 9. Varje talare måste tala tydligt, så att alla kan förstå honom. 10. Huset som vi bor i ligger vid kusten.

4. Verbinden Sie jeweils die beiden Sätze miteinander.

1. Siv har en bror som går i skolan. 2. Jag undrar om Hanna talar svenska. 3. Jag undrar hur länge Nils har jobbat på fabrik. 4. Johan vill bjuda Hanna därför att han tycker om henne. 5. När han hade kommit innanför dörren kände han sig säker. 6. Jag känner mig lycklig när jag vandrar i den vackra naturen.

5. Formulieren Sie jeweils einen Haupt- und einen Nebensatz und verbinden Sie die Sätze mit der angegebenen Konjunktion.

1. Johan idrottade när han gick i skolan. 2. Jag måste höra de senaste nyheterna innan jag går. 3. Min mor flyger bara om hon måste. 4. Marion röker en cigarett medan hon pratar i telefon. 5. Eftersom teven har gått sönder läser han en bok. 6. Hon kunde inte baka för hon hade inget mjöl hemma.

6. Bilden Sie indirekte (Frage-)Sätze auf Schwedisch.

1. Siv frågar vad mannen där borta heter. 2. Gösta vill veta om hon har skrivit brevet. 3. Du sa(de) att du inte har tid. 4. Peter berättade att hans dotter inte talar svenska. 5. Ameli undrar hur han trivs med jobbet. 6. Johans mamma vill veta när han äntligen ska ta semester. 7. Märta frågade vad hotellet där borta heter. 8. Göran frågade vilken station (som) ligger närmast. 9. Hon vill veta hur mycket klockan är. 10. Turisten frågade vad vi ska besöka i Berlin.

Schwedisch-deutsches Vokabelverzeichnis

Das Verzeichnis enthält alle im Buch vorkommenden Vokabeln. Folgende Abkürzungen werden verwendet:

Adj.	Adjektiv	*Pl.*	Plural
Adv.	Adverb	*Präp.*	Präposition
Komp.	Komparativ	*Pron.*	Pronomen
Konj.	Konjunktion	*subst.*	substantiviert
Krdz.	Kardinalzahl	*umg.*	umgangssprachlich
k.Pl.	kein Plural	*unv.*	unveränderlich
Ordz.	Ordinalzahl		

Die Nennung der Wortklasse fehlt bei Wörtern, bei denen eine allgemeine Kenntnis der Wortart vorausgesetzt werden kann, z.B. hus (*Substantiv*), arbeta (*Verb*).

Nach einem Worteintrag (= Wörterbucheintrag) stehen weitere Formen des Wortes. Dabei werden nur die Endungen aufgeführt, wenn es bei der Flexion zu keinerlei Änderungen am Wortstamm kommt. Die Wortformen werden hingegen ausgeschrieben, wenn es flexionsbedingte Veränderungen im Wortstamm gibt. Die Tilde (~) zeigt an, dass die jeweilige Form dem Wörterbucheintrag entspricht.

Bei den Substantiven folgen dem Wörterbucheintrag die bestimmte Form Singular und die unbestimmte Form Plural, bei den Verben die Präsens-, Präteritum- und Supinumform. Wiederholt ist der Verbstamm durch einen senkrechten Strich abgetrennt – hier treten die Endungen dann unmittelbar an den vor dem senkrechten Strich stehenden Stamm. Bei den Pronomen folgen im Anschluss an den Wörterbucheintrag, sofern möglich, die Neutrum- und Pluralform.

Unterscheiden sich ein Adjektiv und das entsprechende Adverb nur durch den letzten Buchstaben voneinander, so steht das Adverb unmittelbar nach dem Adjektiv, ohne dass eine weitere Angabe erfolgt, z.B. arm, armt. Unregelmäßige Steigerungsformen sind bei den entsprechenden Adjektiven vermerkt (z.B. god, bättre, bäst).

A

adress, -en, -er Adresse
affär, -en, -er Geschäft
akvarium, akvariet, akvarier Aquarium
aldrig (*Adv.*) nie, niemals
all, allt, alla (*Pron.*) alle, alles
alldeles (*Adv.*) ganz, vollkommen, völlig
alltid (*Adv.*) immer
ana, -r, -de, -t ahnen
andra zweite (*Ordz.*); s. annan (*Pron.*)
angelägenhet, -en, -er Angelegenheit
aning, -en, -ar Ahnung
anka, -n, ankor Ente
anledning, -en, -ar Anlass, Ursache, Veranlassung
anmäl|a, -er, -de, -t anzeigen, anmelden

annan, annat, andra (*Pron.*) andere/r/s; någon annan (jemand anders, ein anderer), de andra (die anderen)
annons, -en, -er Anzeige, Annonce
anor (*nur im Pl.*) Ahnen
ansikte, -t, -n Gesicht
ansluta, ansluter, anslöt, anslutit anschließen
(i) anslutning (till), -en, -ar (im) Anschluss (an)
anställ|a, -er, -de, -t beschäftigen, anstellen
ansvar, -et, ~ Verantwortung
ansvarig, -t verantwortlich
ansökan, ~ Bewerbung, Antrag
ansökning, -en, -ar Bewerbung, Antrag
antingen … eller … (*Konj.*) entweder … oder …
anvisning, -en, -ar Anweisung
använd|a, -er, -e, använt anwenden, verwenden, benutzen
apa, -n, apor Affe
apelsin, -en, -er Apfelsine
apotek, -et, ~ Apotheke
arbeta, -r, -de, -t arbeiten
arbetstillstånd, -et, -en Arbeitserlaubnis
arg, argt böse, ärgerlich
argumentera, -r, -de, -t argumentieren
arm, armt arm
arm, -en, -ar Arm
armbandsur, -et, ~ Armbanduhr
artikel, -n, artiklar Artikel; Ware
att (*Konj.*) zu (*vor Inf.*); dass
attraktion, -en, -er Attraktion
augusti August
automat, -en, -er Automat
av (*Präp./Adv.*) von, aus, durch, vor, an (*Präp.*); ab (*Adv.*)
avbilda, -r, -de, -t abbilden
avgas, -en, -er Abgas
avsikt, -en, -er Absicht
avsluta, -r, -de, -t abschließen, beenden

B

back, -en, -ar Kiste, Kasten
bad, -et, ~ Bad
bada, -r, -de, -t baden
badbyxor (*nur im Pl.*) Badehose
badrum, -met, ~ Badezimmer
bagage, -t (*k.Pl.*) Gepäck
bageri, -et, -er Bäckerei
baka, -r, -de, -t backen
bakom (*Präp./Adv.*) hinter (*Präp.*); hinten (*Adv.*)
banan, -en, -er Banane
bank, -en, -ar Sitzbank
bank, -en, -er Bank (Geldinstitut)
bara (*Adv./Konj.*) bloß, nur (*Adv.*); wenn, nur (*Konj.*)
barn, -et, ~ Kind
barnbarn, -et, ~ Enkel
barnbarnsbarn, -et, ~ Urenkel
batteri, -et, -er Batterie
be, ber, bad, bett bitten
beakta, -r, -de, -t beachten, berücksichtigen
bedömning, -en, -ar Beurteilung, Wertung, Ermessen
befinn|a (sig), -er, befann, befunnit (sich) befinden
befolkning, -en, -ar Bevölkerung
begagna, -r, -de, -t gebrauchen, benutzen
begåvad begabt
behöv|a, -er, -de, -t brauchen, bedürfen
bekant, ~ bekannt; Bekannte(r) (substantiviert, Utrum)
bekväm, bekvämt bequem
bekvämlighet, -en, -er Bequemlichkeit
ben, -et, ~ Bein, Knochen
(bensin)mack, -en, -ar Tankstelle
bered|a, -er, -de, berett (zu-, vor-)bereiten
beredd bereit, fertig
berg, -et, ~ Berg, Gebirge, Felsen
berätta, -r, -de, -t erzählen
berättelse, -n, -r Erzählung

berömd, berömt berühmt
besiktiga, -r, -de, -t besichtigen
beskriv|a, -er, beskrev, -it beschreiben
beslut, -et, ~ Beschluss
bestå (av), -r, bestod, bestått bestehen (aus)
beställ|a, -er, -de, -t bestellen
bestämm|a (sig), -er, bestämde, bestämt (sich) entscheiden
besvär, -et, ~ Beschwerde
besök, -et, ~ Besuch
besök|a, -er, -te, -t besuchen
besökare, -n, ~ Besucher(in)
betala, -r, -de, -t bezahlen
betyd|a, -er, -de, betytt bedeuten
bevara, -r, -de, -t bewahren
bibliotek, -et, ~ Bibliothek
bil, -en, -ar Auto
bila, -r, -de, -t Auto fahren
bild, -en, -er Bild
biljett, -en, -er Fahrschein, Eintrittskarte
billig, billigt billig
bilmekaniker, -n, ~ Automechaniker
bilolycka, -n, bilolyckor Autounfall
bilverkstad, -staden, -städer Autowerkstatt
bind|a, -er, band, bundit binden
binda, -n, bindor Binde, Verband
bio, -n (*k.Pl.*) Kino (*Kurzform*)
biograf, -en, -er Kino
bjud|a, -er, bjöd, -it einladen
björk, -en, -ar Birke
bland (*Präp.*) zwischen, unter
blanda, -r, -de, -t mischen
blankett, -en, -er Formular
bli, -r, blev, -vit werden
blinka, -r, -de, -t blinken; Zeichen geben; blinzeln
blinker, -n, blinkrar Blinker
blixt, -en, -ar Blitz
blod, -et (*k.Pl.*) Blut
blodprov, -et, ~ Blutprobe
blomkruka, -n, blomkrukor Blumentopf
blomma, -n, blommor Blume
blomma, -r, -de, -t blühen
blus, -en, -ar Bluse
blå, blått blau
blöt (*unv.*) Nässe
blöt, blött nass
bo, -r, -dde, -tt wohnen; leben
bo, -et, -n Bau, Horst, Nest
boende, t, -n das Wohnen; die Wohnung; der/die Bewohner/in
bogsera, -r, -de, -t abschleppen
bok, -en, -ar Buche
bok, -en, böcker Buch
bord, -et, ~ Tisch
bordtennis, -en (*k.Pl.*) Tischtennis
borg, -en, -ar Burg
borta (*Adv.*) weg
bortifrån (*Adv.*) von … her
bosatt (*Adj.*) wohnhaft
bot, -en, böter Mittel, Buße; *Pl.*: (Geld-)Strafe
bra (*Adj.*) gut
bred, brett breit
bredvid (*Präp.*) neben
brev, -et, ~ Brief
brevlåda, -n, brevlådor Briefkasten
brist, -en, -er Mangel
bro, -n, -ar Brücke
broder (*auch:* bror), -n, bröder Bruder
broschyr, -en, -er Broschüre
brun, brunt braun
bryta, bryter, bröt, brutit brechen
bryta sig in einbrechen
bröd, -et, ~ Brot
bröllop, -et, ~ Hochzeit
bur, -en, -ar Käfig
burk, -en, -ar Dose, Glas
buss, -en, -ar Bus
busschaufför, -en, -er Busfahrer
butik, -en, -er Geschäft, Laden
bygg|a, -er, -de, -t bauen
byggnad, -en, -er Gebäude
byrå, -n, -ar Kommode
byrå, -n, -er Büro
byt|a, -er, -te, -t umtauschen, wechseln
byxa, -n, byxor Hose
både … och (*Konj.*) sowohl … als auch

båt, -en, -ar Boot
bälte, -t, -n Gürtel
böra, bör, borde, bort sollen, müssen
börja, -r, -de, -t anfangen
början (*unv.*) Anfang, Beginn

C

café, -et, -er Café
centrum, -et, centra Zentrum
chef, -en, -er Chef, Leiter
choklad, -en, -er Schokolade
cigarett, -en, -er Zigarette
citron, -en, -er Zitrone
cykel, -n, cyklar Fahrrad
cykla, -r, -de, -t fahrradfahren

D

dag, -en, -ar Tag
dagis, -et, ~ Kindergarten, Kita
dagligen (*Adv.*) täglich
dagtid, -en, -er Tageszeit
dal, -en, -ar Tal
dansa, -r, -de, -t tanzen
darra, -r, -de, -t zittern
dator, -n, -er Rechner, Computer
datum, -et, ~ Datum
december Dezember
del, -en, -ar Teil
dela (med), -r, -de, -t teilen (durch)
dels … dels (*Konj.*) teils … teils
demokrati, -n, -er Demokratie
det finns es gibt
dialekt, -en, -er Dialekt
dikt, -en, -er Gedicht
diktera, -r, -de, -t diktieren
diska, -r, -de, -t abwaschen
diskmedel, diskmedlet, ~ Spülmittel
diskutera, -r, -de, -t diskutieren
dividera, -r, -de, -t (med) dividieren, teilen (durch)
djup, djupt tief
djur, -et, ~ Tier
dofta, -r, -de, -t duften
doktor, -n, -er Arzt, Doktor
domkyrka, -kyrkan, -kyrkor Dom
dotter, -n, döttrar Tochter
drick|a, -er, drack, druckit trinken
drottning, -en, -ar Königin
drömm|a, -er, drömde, drömt träumen
dubbel (tvådubbel, tredubbel …) (*Adj.*) doppelt (zweifach, dreifach …)
duka, -r, -de, -t (Tisch) decken
duktig, -t, -a brav, tüchtig
dyr, dyrt teuer
då (*Adv./Konj.*) da, damals, dann (*Adv.*); als, wenn, da, weil (*Konj.*)
dålig, sämre, sämst; dåligt schlecht
dålig, värre, värst schlimm, schlimmer, am schlimmsten (dieselben Steigerungsformen haben auch ond und illa)
där (*Adv.*) da, dort
där borta da, dort drüben, da drüben
dö, dör, dog, dött sterben
död, dött tot
döm|a, -er, -de, -t urteilen
dörr, -en, -ar Tür

E

efter (*Präp./Adv.*) nach, hinter (*Präp.*); nach, danach, darauf, hinterher (*Adv.*)
eftermiddag, -en, -ar Nachmittag
eftersom (*Konj.*) weil, da
ej (*Adv.*) nicht
ekbräde, -t, -n Eichenbrett
ekonomi, -n (*k.Pl.*) Wirtschaft, Ökonomie
el, -en (*k.Pl.*) Strom
eld, -en, -ar Feuer
elegant, ~, -a elegant
elev, -en, -er Schüler(in)
eller (*Konj.*) oder
endast (*Adv.*) nur
enkel, -t, enkla (*Adj.*) einfach, schlicht; Einzel-

enligt (*Präp.*) nach, laut, gemäß
ensam, -t, -ma (*Adj.*) einsam
erfarenhet, -en, -er Erfahrung
etage, -t/-n, ~/-r Etage
(en) etta (*subst. Krdz.*) (eine) Einzimmerwohnung
extrapris, -et, -er (på) Sonderangebot

F

fader (*auch*: far), -n, fäder Vater
fabrik, -en, -er Fabrik
faktisk, faktiskt (*Adj./Adv.*) wirklich; in der Tat, tatsächlich
fall|a, -er, föll, -it fallen, stürzen
familj, -en, -er Familie
fara, far, for, farit fahren
farföräldrar (*Pl.*) Großeltern (väterlicherseits)
farlig, farligt gefährlich
fattig, fattigt arm
fax, -et, ~ Fax
feber, -n (*k.Pl.*) Fieber
fel falsch
fel, -et, ~ Fehler
femma (*subst. Krdz.*) Fünfkronenschein
femtilapp (*subst. Krdz.*) Fünfzigkronenschein
fest, -en, -er Fest
festlighet, -en, -er Festlichkeit
film, -en, -er Film
fin, fint fein, schön, zart, hübsch
finansminist|er, -ern, -rar Finanzminister
finger, fingret, fingrar Finger
finn|a, -er, fann, funnit finden, befinden
fira, -r, -de, -t feiern
firma, -n, firmor Firma
fisk, -en, -ar Fisch
fiska, -r, -de, -t angeln
fiskekort, -et, ~ Angelkarte
flagga, -n, flaggor Flagge
flaska, -n, flaskor Flasche
flicka, -n, flickor Mädchen
flinga, -n, -or Flocke; *Pl.* Frühstücksflocken, Cerealien
flitig, flitigt fleißig, emsig
fly, flyr, flydde, flytt fliehen
flyg, -et, ~ Flug(zeug), Fliegen; Flugwesen
flyg|a, -er, flög, flugit fliegen, abfliegen
flygplan, -et, ~ Flugzeug
flygplats, -en, -er Flugplatz, Flughafen
flykting, -en, -ar Flüchtling
flytta, -r, -de, -t umziehen, wegziehen
folk, -et, ~ Volk; Leute
form, -en, -er Form
fort (*Adv.*) schnell
fortfarande (*Adv.*) immer noch, weiterhin
fortsätt|a, -er, fortsatte, fortsatt fortsetzen
fotboll, -en, -ar Fußball
foto, -t, -n Foto
fotografi, -et, -er Fotografie
framför (*Präp.*) vor
framme (*Adv.*) vorn
framtid, -en, -er Zukunft
fred, -en, -er Frieden
fredag, -en, -ar Freitag
frimärke, -t, -n Briefmarke
frisk, friskt gesund, munter
frisör, -en, -er Friseur
fru, -n, -ar Frau
frukost, -en, -ar Frühstück
frukt, -en, -er Frucht, Obst
frys|a, -er, frös, frusit frieren
frys|a, -er, -te, -t einfrieren, gefrieren
fråga, -n, frågor Frage
fråga, -r, -de, -t fragen
från (*Präp.*) von, aus
främmande (*unv.*) fremd
fungera, -r, -de, -t funktionieren
fyll|a år, -er, -de, -t Geburtstag haben
fysik, -en (*k.Pl.*) Physik
få, får, fick, fått erhalten, bekommen; dürfen, müssen
fågel, -n, fåglar Vogel
får, -et, ~ Schaf

fåtölj, -en, -er Sessel
fängelse, -t, -r Gefängnis
färdig, färdigt fertig
färg, -en, -er Farbe
färja, -n, färjor Fähre
fästning, -en, -ar Festung
föd|a, -er, -de, fött geboren werden
född geboren
födelseort, -en, -er Geburtsort
följ|a, -er, -de, -t mitkommen, folgen
fönster, fönstret, ~ Fenster
för (*Präp./Konj./Adv.*) für, vor (*Präp.*); denn (*Konj.*); zu *(Adv.)*, Bsp. för hög musik
för att (*Konj.*) um zu; weil
förbered|a, -er, -de, förberett vorbereiten
förbindelse, -n, -r Verbindung
före (*Präp.*) vor (zeitlich)
föreställning, -en, -ar Vorstellung, Aufführung
företag, -et, ~ Betrieb, Unternehmen
företagsledning, -en, -ar Geschäftsleitung
författare, -n, ~ Verfasser, Autor, Schriftsteller
förgäves (*Adv.*) vergeblich, vergebens, umsonst
förkyl|a (sig), -er, -de, -t (sich) erkälten
förlova (sig), -r, -de, -t (sich) verloben
förmiddag, -en, -ar Vormittag
förra (*Adj.*) vorige/r/s
förrätt, -en, -er Vorspeise
försena, -r, -de, -t verspäten
försiktig, försiktigt vorsichtig, behutsam
förskräcklig, förskräckligt schrecklich
förslag, -et, ~ Vorschlag
först (*Adv./Ordz.*) zuerst (*Adv.*); erste/r/s (*Ordz.*)
förstå, -r, förstod, -tt verstehen
försvinn|a, -er, försvann, försvunnit verschwinden
försäkring, -en, -ar Versicherung
försäljare, -n, ~ Verkäufer(in)
förtjusande reizend, entzückend
förtjänst, -en, -er Verdienst
förtvivla, -r, -de, -t verzweifeln
förvånad (över) erstaunt, verwundert (über)
förväntan (*unv.*) Erwartung
förälder, -n, föräldrar (*meist im Pl.*) Eltern(teil)
förälska (sig), -r, -de, -t (sich) verlieben

G

galamiddag, -en, -ar Galaessen
gammal, -t, gamla; äldre, äldst alt; älter, am ältesten
gammaldags (*Adj. unv.*) altmodisch
ganska (*Adv.*) ziemlich, recht
garage, -t, ~ Garage
garderob, -en, -er Garderobe
gata, -n, gator Straße
ge, -r, gav, givit/gett geben
gemensam, gemensamt gemeinsam, gemeinschaftlich
genast (*Adv.*) sofort, gleich
genom (*Präp.*) durch
get, -en, -ter Ziege
gift|a (sig), -er, -e, gift heiraten
giftig, giftigt giftig
gilla, -r, -de, -t mögen
gjuteri, -et, -er Gießerei
glad, glatt lustig, froh, fröhlich, vergnügt
glas, -et, ~ Glas
glasmästare, -n, ~ Glaser
glass, -en, -er Eis
glasögon (*nur im Pl.*) Brille
glädja (sig), gläder, gladde, glatt (sich) (er)freuen
glädje, -n (*k.Pl.*) Freude
glömm|a, -er, glömde, glömt vergessen, versäumen
god, gott, goda; bättre, bäst (*Adj.*) gut; besser, am besten
gott (*Adv.*) gut

grad, -en, -er Grad
gram, -met, ~ Gramm
grann|e, -en, -ar Nachbar(in)
grannhus, -et, ~ Nachbarhaus
gratis (*Adj./Adv. unv.*) gratis, kostenlos
gratulera, -r, -de, -t gratulieren
gris, -en, -ar Schwein
grunda, -r, -de, -t gründen
grupp, -en, -er Gruppe
gryt, -et, ~ Höhle, Bau
gryta, -n, grytor Kochtopf
grå, grått grau
gråsparv, -en, -ar Spatz
gråt|a, -er, grät, -it weinen
gräns, -en, -er Grenze
gräs, -et, ~ Gras, Rasen
gräsklippare, -n, ~ Rasenmäher
grävling, -en, -ar Dachs
grävlingsgryt, -et, ~ Dachshöhle
grön, grönt grün
grönsak, -en, -er (*meist im Pl.*) Gemüse
guide, -n, -r Führer
guld, -et (*k.Pl.*) Gold
guldvåg, -en, -or Goldwaage
gullig, gulligt niedlich; golden
gå, går, gick, gått gehen
gång, -en, -er (en gång, två gånger) Mal (einmal, zweimal)
gård, -en, -ar Hof, Bauernhof
gås, -en, gäss Gans
gäll|a, -er, -de, -t gelten
gärna, hellre, hellst (*Adv.*) gern, lieber, am liebsten
gäst, -en, -er Gast
gästrum, -met, ~ Gästezimmer
göra, gör, gjorde, gjort machen, tun

H

ha, -r, -de, -ft haben
halv, halvt halb
halvtid, -en, -er Halbzeit
hamn, -en, -ar Hafen
hand, -en, händer Hand
handboll, -en, -ar Handball
handduk, -en, -ar Handtuch
handla, -r, -de, -t einkaufen
hantverkare, -n, ~ Handwerker
hatt, -en, -ar Hut
hav, -et, ~ Meer; See
hel, helt ganz
helg, -en, -er Feiertag; Wochenende
hem (*Adv.*) nach Hause
hem, -met, ~ Heim
hemifrån (*Adv.*) von zu Hause
hemma (*Adv.*) zu Hause
hemsida, -n, hemsidor Homepage
herrgård, -en, -ar Herrenhaus
het|a, -er, -te, -at heißen
himmel, himlen, himlar Himmel
historia, -n/historien, historier Geschichte
hitta, -r, -de, -t finden
hjälp, -en, -er Hilfe
hjälp|a, -er, -te, -t helfen
hjärta, -t, -n Herz
hos (*Präp.*) bei
hosta, -n (*k.Pl.*) Husten
hotell, -et, ~ Hotel
hund, -en, -ar Hund
hundrakronorssedel, -sedeln, -sedlar Hundertkronenschein
hundralapp, -en, -ar Hundertkronen-schein
hundraprocentig, -t hundertprozentig
hundratals människor (*Pl.*) Hunderte von Menschen
hundraårig, hundraårigt hundertjährig
hundraårs|jubileum, -jubileet, -jubileer Hundertjahrfeier
hundraårsminne, -t, -n Hundertjahrfeier
hundring, -en, -ar Hunderter (Geld-schein)
hur (*Adv.*) wie
hus, -et, ~ Haus
hushålla med, -r, -de, -t haushalten, sparsam umgehen
husvagn, -en, -ar Wohnwagen
huvud, -et, -en Haupt, Kopf

huvudrätt, -en, -er Hauptgericht
huvudstad, -en, huvudstäder Hauptstadt
huvudvärk, -en, -ar Kopfschmerzen
hylla, -n, hyllor Regal
hyr|a (ut), hyr, -de, -t (ver)mieten
hyreshus, -et, ~ Mietshaus
hål, -et, ~ Höhle, Loch
håll|a, -er, höll, -it halten
hår, -et, ~ Haar
hård, hårt hart, fest
häll, -en, -ar (Stein-, Felsen-)Platte
hällristning, -en, -ar Felsritzung
hälsa, -n (*k.Pl.*) Gesundheit
händ|a, -er, -e, hänt geschehen
händelse, -n, -r Ereignis
häng|a, -er, -de, -t hängen
härlig, härligt herrlich, wunderbar
häst, -en, -ar Pferd
hög, högt hoch; laut
höger, *Pl.:* högra rechts
höns, -et, ~ Huhn
hör|a, hör, -de, -t hören
hörn, -et, ~ Ecke
höst, -en, -ar Herbst
hövlig, hövligt höflich

I

i (*Präp.*) in, im, an, während
i lugn och ro in aller Ruhe
iaktta, -r, iakttog, iakttagit beobachten, bemerken
ibland (*Adv.*) manchmal
idag (*auch:* i dag) (*Adv.*) heute
idé, -n, -er Idee
idrotta, -r, -de, -t Sport treiben
igen (*Adv.*) wieder
igår (*auch:* i går) (*Adv.*) gestern
illa; värre, värst (*Adv.*) schlecht, schlimm, übel; schlimmer, am schlimmsten
imorse (*auch:* i morse) heute Morgen, heute früh
in (*Adv./Präp.*) hinein, herein (*Adv.*); in (*Präp.*)
inbjud|a, -er, inbjöd, -it einladen
information, -en, -er Auskunft, Information
ingen, inget, inga (*Pron.*) keine/r/s; niemand
ingång, -en, -ar Eingang
inifrån (*Adv.*) von drinnen
inkomst, -en, -er Einkommen
innan (*Konj.*) bevor
innanför (*Adv.*) innerhalb
inne (*Adv.*) drinnen
inom (*Präp.*) innerhalb
inspektera, -r, -de, -t besichtigen
inte (*Adv.*) nicht
inte alls (*Adv.*) gar nicht
inte bara … utan också (*Konj.*) nicht nur … sondern auch
internat, -et, ~ Internat
intervju, -n, -er Interview
intressant, ~ (*Adj.*) interessant
intresse, -t, -n Interesse
inträde, -t/-n (*k.Pl.*) Eintritt
inträdesbiljett, -en, -er Eintrittskarte
invandrare, -n, ~ Einwanderer
invånare, -n, ~ Einwohner

J

jacka, -n, jackor Jacke
jobb, -et, ~ Arbeit, Job
jobba, -r, -de, -t arbeiten, schuften
jordgubbe, -gubben, -gubbar Erdbeere
juice, -n, -r Saft
jul, -en, -ar Weihnachten
juridik, -en (*k.Pl.*) Jura
just (*Adv.*) gerade
jägare, -n, ~ Jäger
jämför|a, jämför, -de, -t vergleichen
jämlikhet, -en (*k.Pl.*) Gleichberechtigung, Gleichheit
järn, -et, ~ Eisen
jätte- (*Vorsilbe*) wirklich, sehr, super-

K

kabel, -n, ~ Kabel
kaffe, -t (*k.Pl.*) Kaffee
kaka, -n, kakor Kuchen
kall, kallt kalt
kalla, -r, -de, -t nennen, heißen
kalsong, -en, -er (*meist im Pl.*) Herrenunterhose
kamera, -n, kameror Fotoapparat
kamma, -r, -de, -t kämmen
kamrat, -en, -er Kamerad
kanal, -en, -er Kanal
kanske (*Adv.*) vielleicht
kappa, -n, kappor Mantel
karta, -n, kartor Karte
kasta, -r, -de, -t werfen
katt, -en, -er Katze
kejsare, -n, ~ Kaiser
kilo, -t, -/-n Kilo
kilometer, -n, ~ Kilometer
kiosk, -en, -er Kiosk
kjol, -en, -ar Rock
klaga, -r, -de, -t klagen
klar, -t, -a klar; heiter (Wetter)
klass, -en, -er Klasse
klipp|a, -er, -te, -t schneiden
klocka, -n, klockor Uhr
klok, klokt klug, schlau
klä, -r, -dde, -tt (be)kleiden, anziehen
kläder (*Pl.*) Kleidung, Kleider, Garderobe
klädhängare, -en, ~ Kleiderbügel
klämm|a, -er, klämde, klämt drücken, klemmen
klänning, -en, -ar Kleid
knacka, -r, -de, -t klopfen
kniv, -en, -ar Messer
knä, -(e)t, -n Knie; Schoß
ko, -n, -r Kuh
kock, -en, -ar Koch
koka, -r, -de, -t kochen
kokerska, -n, kokerskor Köchin
komm|a, -er, kom, -it kommen
kommun, -en, -er Gemeinde, Kommune
konditori, -et, -er Konditorei
konferens, -en, -er Konferenz
konst, -en, -er Kunst
konstakademi, -n, -er Kunstakademie
konstitutionell (*Adj.*) konstitutionell
konstnär, -en, -er Künstler
kontor, -et, ~ Büro
kontorslokal, -en, -er Büroraum
kontrakt, -et, ~ Vertrag, Kontrakt
kontroll, -en, -er Kontrolle
konung, -en, -ar König
kopp, -en, -ar Tasse
koppel, kopplet, ~ Leine
kort, -et, ~ Karte
kort, ~ kurz
kosta, -r, -de, -t kosten
kostym, -en, -er Anzug
krona, -n, kronor Krone
krök|a, -er, -te, -t biegen, krümmen
krön|a, -er, -te, -t krönen
kudde, -n, kuddar Kopfkissen
kund, -en, -er Kunde
kung, -en, -ar König
kunglig, kungligt königlich
kunna, kan, kunde, kunnat können
kunskap, -en, -er Kenntnis
kurs, -en, -er Kurs
kust, -en, -er Küste
kvalitet, -en, -er Qualität
kvarn, -en, -ar Mühle
kvinna, -n, kvinnor Frau
kvitto, -t, -n Quittung
kväll, -en, -ar Abend
kyl, -en, -ar Kühlschrank
kyrka, -n, kyrkor Kirche
källare, -n, ~ Keller
kämpa, -r, -de, -t kämpfen
känn|a, -er, kände, känt fühlen, kennen, erkennen
känsla, -n, känslor Gefühl
kär, kärt lieb, geliebt, verliebt
kärande, -n, ~ Kläger
kärlek, -en, -ar Liebe
kärleksbrev, -et, ~ Liebesbrief
kö, -n, -er Warteschlange

kök, -et, ~ Küche
köp|a, -er, -te, -t kaufen
kör|a, kör, -de, -t fahren
körkort, -et, ~ Führerschein
köttbull|e, -en, -ar Fleischklops, Hack(fleisch)bällchen

L

lag, -en, -ar Gesetz
lag, -et, ~ Mannschaft
laga, -r, -de, -t ausbessern, flicken; kochen, anrichten, zubereiten
lagom (*unv.*) genau richtig
lamm, -et, ~ Lamm
land, -et, länder Land
lax, -en, -ar Lachs
ledamot, -en, ledamöter Mitglied, Abgeordneter
ledig, ledigt frei, offen, unbesetzt
ledsam, -t, -ma traurig, unangenehm
legitimationskort, -et, ~ (Personal-) Ausweis
lejon, -et, ~ Löwe
lek|a, -er, -te, -t spielen
leksak, -en, -er Spielsache
lektion, -en, -er Lektion, Unterricht, Stunde
len, lent weich, sanft
leta (efter), -r, -de, -t suchen (nach)
lev|a, -er, -de, -t leben
ligg|a, -er, låg, legat liegen, sich befinden
lilla (*Adj.*) klein
limpa, -n, limpor (Brot-)Laib
lingon, -et, ~ Preiselbeere
linne, -t, -n Top, (Damen-)Hemd
lite (*Adv.*) wenig, ein bisschen
liten, litet, mindre, minst (*Adj.*) klein, kleiner, am kleinsten
liter, -n, litrar/~ Liter
litteratur, -en, -er Literatur
liv, -et, ~ Leben
livsmedel, livsmedlet, ~ Lebensmittel
livstid, -en, -er Lebenszeit
ljudlig, ljudligt laut
ljug|a, -er, ljög, -it lügen
ljus, -et, ~ Licht, Kerze
ljus, ljust hell
lodjur, -et, ~ Luchs
lucia(dagen) Lucia (13. Dezember)
luft, -en, -er Luft
lukta, -r, -de, -t riechen, duften, stinken
lust, -en (*k.Pl.*) Lust
lycka, -n, lyckor Glück, Erfolg
lycklig, lyckligt glücklich
lyft|a, -er, -e, lyft heben
lysande leuchtend
lyssna (till), -r, -de, -t hören, lauschen, horchen (auf)
låda, -n, lådor Kiste, Kasten, Karton; Schublade
låg, lågt tief, niedrig, gering
låna, -r, -de, -t leihen
lång, långt lang, weit
långsam, -t, -ma langsam
långtråkig, långtråkigt langweilig
lås|a, -er, -te, -t abschließen (Tür)
låt|a, -er, lät, låtit lassen; klingen
lägenhet, -en, -er Wohnung
lägg|a, -er, la(de), lagt legen
läkare, -n, ~ Arzt
län, -et, ~ Verwaltungsbezirk
länge (*Adv.*) lange
längesedan (*Adv.*) längst, seit/vor langer Zeit
längta, -r, -de, -t (efter ngt) (sich nach etw.) sehnen
lära (sig), lär, lärde, lärt lernen, (sich etw.) beibringen
lärare, -n, ~ Lehrer(in)
läs|a, -er, -te, -t lesen; studieren
läxa, -n, läxor Hausaufgabe
lögn, -en, -er Lüge
lördag, -en, -ar Samstag, Sonnabend
lösning, -en, -ar Lösung
löv, -et, ~ Blatt, Laub

M

makaron, -en, -er/-i (*meist im Pl.*) Makkaroni
make, -n, makar Ehemann
man, -nen, män Mann
markägare, -n, ~ Grundbesitzer
mars (*unv.*) März
marschera, -r, -de, -t marschieren
maskin, -en, -er Maschine
mat, -en, (*k.Pl.*) Essen, Speise
material, -et, ~ Material
med (*Präp.*) mit
medan (*Konj.*) während
medel, medlet, ~ Mittel
medeltid, -en (*k.Pl.*) Mittelalter; Durchschnittszeit
medicin, -en, -er Medizin, Medikament
mekaniker, -n, ~ Mechaniker, Schlosser
mellan (*Präp.*) zwischen, unter
mellanstor, mellanstort mittelgroß
men (*Konj.*) aber
mena, -r, -de, -t meinen
mening, -en, -ar Meinung, Ansicht; Absicht
mening, -en, -ar Satz (grammatisch)
metall, -en, -er Metall
meter, -n, ~ Meter
middag, -en, -ar Mittag; Abendessen
midnatt, -en (*k.Pl.*) Mitternacht
midsommar, -en, midsomrar Mittsommer
mil, -en, ~ Meile
miljö, -n, -er Umwelt; Milieu
minister, -n, ministrar Minister
minst (*Adj./Adv.*) kleinst, geringst, mindest (*Adj.*); am wenigsten, wenigstens, mindestens (*Adv.*)
minusgrad, -en, -er Minusgrad
minut, -en, -er Minute
missta (sig), misstar, misstog, misstagit (sich) irren
mjuk, mjukt weich, geschmeidig
mjöl, -et (*k.Pl.*) Mehl
mjölk, -en (*k.Pl.*) Milch
moder (*auch*: mor), -n, mödrar Mutter
modern, modernt modern
mogen, moget, mogna (*Adj.*) reif
moln, -et, ~ Wolke
monarki, -n, -er Monarchie
montör, -en, -er Schlosser; Monteur
morgon, -en, morgnar Morgen
mor|mor, -modern, -mödrar Großmutter (mütterlicherseits)
morot, -en, morötter Mohrrübe, Karotte
mot (*Präp.*) gegen; nach
motorväg, -en, -ar Autobahn
mun, -nen, -nar Mund, Maul, Schnauze
mus, -en, möss Maus
museum, museet, museer Museum
musikalisk, musikaliskt musikalisch
muskel, -n, muskler Muskel
mycket (*Adj./Adv.*) viel, groß (*Adj.*); sehr (*Adv.*)
myndig, myndigt volljährig
må, -r, -dde, -tt sich fühlen
måla, -r, -de, -t malen
målare, -n, ~ Maler
målning, -en, -ar Gemälde
månad, -en, -er Monat
måndag, -en, -ar Montag
många, fler(a), flest (*Pron.*) viele, mehr(ere), am meisten; (de) flesta (die meisten)
måste (*unv.*) müssen
människa, -n, människor Mensch
möda, -n, mödor Mühe
möjlig, möjligt möglich
mörda, -r, -de, -t (er)morden
mörk, mörkt dunkel

N

nationaldag, -en, -ar Nationalfeiertag
natt, -en, nätter Nacht
nattlinne, -t, -n Nachthemd
natur, -en (*k.Pl.*) Natur
nedanför (*Adv./Präp.*) unterhalb

nedför (*Adv./Präp.*) herunter, hinunter, nach unten
nedre (*Adj./Komp.*) untere/r/s
nedsätt|a, -er, nedsatte, nedsatt heruntersetzen
ner (*Adv.*) nach unten
njut|a (av ngt), -er, njöt, -it (etw.) genießen
nog (*Adv.*) schon, wohl
nolla (*subst. Krdz.*) Null
nu (*Adv.*) jetzt, nun
ny, nytt neu, jung
nyckel, -n, nycklar Schlüssel
nyhet, -en, -er Nachricht, Neuheit, Neuerscheinung, Neuerung
nymålat frisch gestrichen
någon, något, några (*Pron.*) irgendein/e/r, etwas, irgendwelche/einige
när (*Konj./Adv.*) wenn, als (*Konj.*); wann (*Adv.*)
nära, närmare, närmast (*Adj./Adv. unv.*) nahe, näher, am nächsten
närhet, -en (*k.Pl.*) Nähe
näst (*Adj./Adv./Pron.*) nächst
nästa (*Adj.*) nächste/r/s
nästan (*Adv.*) fast
nät, -et, ~ Netz; *umg.* Internet
nätt nett, hübsch; schlank

O

Obs! Achtung!, Vorsicht!
observera, -r, -de, -t beobachten
och (*Konj.*) und
också (*Adv.*) auch
ofta, -re, -st (*Adv.*) oft
olycka, -n, olyckor Unglück; Unfall
om (*Präp./Konj.*) in, um (*Präp.*); ob, wenn (*Konj.*)
omkring (*Präp.*) um … herum; ungefähr
omsegla, -r, -de, -t umsegeln
ond, ont böse
onsdag, -en, -ar Mittwoch
ord, -et, ~ Wort
ordentlig, ordentligt ordentlich
organisera (sig), -r, -de, -t (sich) organisieren, veranstalten
oroa (sig), -r, -de, -t (sich) beunruhigen, ängstigen, sorgen
orolig, oroligt unruhig
ost, -en, -ar Käse
ovanför (*Adv.*) oberhalb
ovän, -nen, -ner Feind

P

paket, -et, ~ Paket
pant, -en, -er Pfand
paparazzo, -n, -er/-i Paparazzo, Fotograf
papper, papp(e)ret, ~ Papier
par (ett par gånger) (*Pron.*) (ein) paar (Mal)
par, -et, ~ Paar
paraply, -et, -er Regenschirm
park, -en, -er Park
parkeringshus, -et, ~ Parkhaus
parkeringsplats, -en, -er Parkplatz
parlament, -et, ~ Parlament
parlamentarisk, -t parlamentarisch
party, -t, -n Party
paus, -en, -er Pause
peng, -en, -ar (*meist im Pl.*) Geld
pension, -en, -er Pension, Rente
person, -en, -er Person
piano, -t, -n Klavier
pingst, -en, -ar Pfingsten
plan, -en, -er Plan, Entwurf
plan, -et, ~ Flugzeug
planet, -en, -er Planet
plats, -en, -er Platz
plocka, -r, -de, -t pflücken
plötslig, plötsligt plötzlich
pojke, -n, pojkar Junge
polis, -en, -er Polizei, Polizist
politiker, -n, ~ Politiker
politisk, politiskt politisch

populär, populärt populär, beliebt
post, -en, -er Post(amt)
potatis, -en, -ar Kartoffel
poäng, -en, ~ Punkt (z.B. beim Sport)
praktisk, praktiskt praktisch
prata, -r, -de, -t plaudern, sprechen, sich unterhalten
precis, precist (*Adj.*) exakt, genau, präzis
precis (*Adv.*) exakt, genau, präzis
present, -en, -er Geschenk
presentera, -r, -de, -t präsentieren, vorstellen
president, -en, -er Präsident
pris, -et, -er Preis
prisvärd, prisvärt preiswert
problem, -et, ~ Problem
produkt, -en, -er Produkt
program, -met, ~ Programm, Sendung
programmerare, -n, ~ Programmierer
projekt, -et, ~ Projekt
promenad, -en, -er Spaziergang
promenera, -r, -de, -t spazieren gehen, promenieren
prova, -r, -de, -t versuchen, probieren
publicera, -r, -de, -t publizieren, veröffentlichen
punkt, -en, -er Punkt
på (*Präp.*) an, auf, in, während

R

raka (sig), -r, -de, -t (sich) rasieren
redaktion, -en, -er Redaktion
redaktör, -en, -er Redakteur
redan (*Adv.*) schon
regering, -en, -ar Regierung
regissör, -en, -er Regisseur
regna, -r, -de, -t regnen
regnig, regnigt regnerisch
regnskur, -en -ar Regenschauer
rekommendera, -r, -de, -t empfehlen
ren, -en, -ar Ren(tier)
ren, rent rein, sauber
renlig, renligt reinlich
renovera, -r, -de, -t renovieren
reparera, -r, -de, -t reparieren, ausbessern
resa, -n, resor Reise
res|a, -er, -te, -t reisen, fahren, abfahren
reseberättelse, -n, -r Reiseerzählung
resegrupp, -en, -er Reisegruppe
resehand|bok, -boken, -böcker Reiseführer (Handbuch)
restaurang, -en, -er Restaurant
resväska, -n, resväskor Reisetasche, Koffer
returbiljett, -en, -er Rückfahrkarte
rid|a, -er, red, -it reiten
ridå, -n, -er Vorhang
riksdag, -en, -ar Reichstag
riktig, riktigt richtig, recht
riktnummer, riktnumret, ~ Vorwahl
ring, -en, -ar Kreis
ring|a, -er, -de, -t anrufen; klingeln
ris, -et, ~ Reis
rita, -r, -de, -t zeichnen
ritning, -en, -ar Zeichnung
rolig, roligt lustig, erfreulich, spaßig, amüsant
roll, -en, -er Rolle
roman, -en, -er Roman
ropa, -r, -de, -t rufen
ros, -en, -or Rose
rum, -met, ~ Raum, Zimmer
ryk|a, -er, -te/rök, rykt rauchen, qualmen, dampfen; verloren gehen
rådhus, -et, ~ Rathaus
rädsla, -n, rädslor Angst, Furcht
räkning, -en, -ar Rechnung
rätt (*Adj. unv./Adv.*) richtig (*Adj.*); richtig, recht (*Adv.*)
rätt, -en, -er Recht; Gericht, Speise
räv, -en, -ar Fuchs
rävlya, -n, rävlyor Fuchsbau
röd, rött rot
rök, -en, -ar Rauch
rök|a, -er, -te, -t rauchen
rökeri, -et, -er Räucherei
rökt *(Adj.)* geräuchert
röst, -en, -er Stimme

S

safari, -n, -er Safari
saga, -n, sagor Märchen
sak, -en, -er Sache
sakna, -r, -de, -t entbehren, vermissen
salladshuvud, -et, ~ Salatkopf
salt, -et, -er Salz
samhällskritisk, -t gesellschaftskritisch
samtal, -et, ~ Gespräch
sandstrand, -en, sandstränder Sandstrand
sann, sant wahr
sats, -en, -er Satz
schack, -et (*k.Pl.*) Schach
se, ser, såg, sett sehen, schauen
sedan (*Adv./Konj.*) dann, nachher (*Adv.*); seitdem (*Konj.*)
segla, -r, -de, -t segeln
segra, -r, -de, -t siegen
semester, -n, semestrar Urlaub, Ferien
semestra, -r , -de, -t Urlaub/Ferien machen
sen, sent spät
senast (*Adv.*) spätestens, zuletzt
servera, -r, -de, -t servieren
sida, -n, sidor Seite
sill, -en, -ar Hering
simhall, -en, -ar Schwimmbad
simma, -r, -de, -t schwimmen
sista (*Adj.*) letzte/r/s
sitt|a, -er, satt, suttit sitzen
sjuk, sjukt krank
sjukdom, -en, -ar Krankheit
sjukhus, -et, ~ Krankenhaus
sjuksköterskl|a, -an, -or Krankenschwester
sjung|a, -er, sjöng, -it singen
själv, -t, -a (*Pron.*) selbst
sjö, -n, -ar See
skada, -r, -de, -t schaden, schädigen; verletzen
skaka, -r, -de, -t zittern
skatt, -en, -er Steuer (Abgabe)
skepp, -et, ~ Schiff
skicka, -r, -de, -t schicken
skida, -n, skidor Ski
skild, skilt geschieden
skillnad, -en, -er Unterschied
skjorta, -n, skjortor Oberhemd
sko, -n, -r Schuh
skog, -en, -ar Wald
skola, -n, skolor Schule
skola, ska(ll), skulle, skolat (*Hilfsverb*) sollen; wollen
skratta, -r, -de, -t lachen
skriv|a, -er, skrev, -it schreiben
skriva under unterschreiben
sky, -n, -ar Wolke; Himmel
skynda, -r, -de, -t eilen, beeilen
skådespelare, -n, ~ Schauspieler
skådespelersk|a, -an, -or Schauspielerin
skål, -en, -ar Schüssel
skäll|a, -er, -de, -t bellen
skämt, -et, ~ Scherz, Spaß
skära, skär, skar, skurit schneiden
skärp, -et, ~ Gürtel
skön, skönt schön
slott, -et, ~ Schloss
slut, -et, ~ Schluss, Ende
sluta, -r, -de, -t schließen, (be)enden, aufhören
slutlig, slutligt schließlich, endlich
slå, -r, slog, slagit (vor)schlagen
släkting, -en, -ar Verwandte(r)
smaka, -r, -de, -t schmecken
smid|a, -er, -de, smitt schmieden
smycke, -t, -n Schmuck
smärta, -n, smärtor Schmerz
smörj|a, -er, smorde, smort fetten, einfetten; schmieren
snabb, snabbt schnell, rasch
snaps, -en, -ar Schnaps
snar, snart bald
snygg hübsch, flott, schön, sauber
snäll, snällt artig, freundlich, lieb, nett
snöa, -r, -de, -t schneien
snögubbe, -n, snögubbar Schneemann
soffa, -n, soffor Sofa, Couch
sol, -en, -ar Sonne

sola sig, -r, -de, -t   sich sonnen
som (*Adv./Pron./Konj.*)   wo, als, wie (*Adv.*); der, die, das; welche/r/s (*Pron.*); wie, als, da (*Konj.*)
sommar, -en, somrar   Sommer
son, -en, söner   Sohn
soppa, -n, soppor   Suppe
sortiment, -et, ~   Sortiment
sov|a, -er, sov, -it   schlafen
spara, -r, -de, -t   sparen; aufbewahren
spegel, -n, speglar   Spiegel
spel, -et, ~   Spiel
spela, -r, -de, -t   spielen
spis, -en, -ar   Herd
sport, -en, -er   Sport
spring|a, -er, sprang, sprungit   laufen, rennen; springen
språk, -et, ~   Sprache
spår, -et, ~   Bahnsteig; Gleis, Spur
spännande (*unv.*)   spannend
stad, -en, städer   Stadt
stall, -et, ~   Stall
stanna, -r, -de, -t   bleiben; stehen bleiben, (an)halten
stark, starkt   stark
starta, -r, -de, -t   starten; anspringen
station, -en, -er   Bahnhof
staty, -n, -er   Statue
stege, -n, stegar   Leiter
stek|a, -er, -te, -t   braten
sten, -en, -ar   Stein
stendöv, -t   stocktaub
stig|a (av), -er, steg, -it   (aus)steigen
stink|a, -er, stank, (*k.Sup.*)   stinken
stipendium, stipendiet, stipendier   Stipendium
stjäla, stjäl, stal, stulit   stehlen
stjärna, -n, stjärnor   Stern
stocka (sig), -r, -de, -t   stocken, (sich) stauen
stol, -en, -ar   Stuhl
stor, -t, större, störst   groß, größer, am größten
storm, -en, -ar   Sturm
straff, -et, ~   Strafe
strand, -en, stränder   Strand
strax (*Adv.*)   gleich, sofort, schnell
stråla, -r, -de, -t   strahlen
studera, -r, -de, -t   studieren
stuga, -n, stugor   Stuga, Hütte
stycke, -t, -n   Stück
stå, står, stod, stått   stehen
stämma, -n, stämmor   Stimme
stäng|a, -er, -de, -t   schließen
stängel, -n, stänglar   Stängel
svag, svagt   schwach, schwächlich
svamp, -en, -ar   Pilz
svara, -r, -de, -t   antworten, erwidern
svart, svart   schwarz
svartsjuk, -t   eifersüchtig
svartsjuka, -n, svartsjukor   Eifersucht
svensk, svenskt   schwedisch
svensk, -en, -ar   Schwede
svenska, -n, svenskor   Schwedin
Sverige   Schweden
svårighet, -en, -er   Schwierigkeit
sy, -r, -dde, -tt   nähen
sylt, -en, -er   Marmelade
sympatisk, sympatiskt   sympathisch
synhåll, -et, ~   Sichtweite
syskon, -et, ~   Geschwister
sysselsätt|a (sig med), -er, sysselsatte, sysselsatt   (sich) beschäftigen (mit)
syssla (med), -r, -de, -t   (sich) beschäftigen (mit), beruflich zu tun haben (mit)
Systembolag, -et, ~   staatliche Monopolgesellschaft (für Verkauf von Alkohol)
syster, -n, systrar   Schwester
såväl … som (*Konj.*)   sowohl … als auch
säg|a, -er, sa(de), sagt   (be)sagen
säga upp (ngn)   (jmdm.) kündigen
säker, -t, säkra   sicher
sälj|a, -er, sålde, sålt   verkaufen
sällan (*Adv.*)   selten; *umg.*: ganz bestimmt nicht, auf gar keinen Fall
säng, -en, -ar   Bett
sängkläder (*nur im Pl.*)   Bettwäsche
särskild, särskilt   besondere/r/s, verschieden; einzeln

sätt|a, -er, satte, satt setzen, stellen, legen
sätt|a in einzahlen
söder, -n (*k.Pl.*) Süden
söder (om) südlich von
sök|a, -er, -te, -t suchen, beantragen
sömn, -en (*k.Pl.*) Schlaf
söt, sött süß
sötsaker (*nur im Pl.*) Süßigkeiten

T

ta, -r, tog, -git nehmen, ergreifen
ta på (sig) (sich) anziehen
tak, -et, ~ Decke; Dach
tala, -r, -de, -t sprechen, reden
talare, -n, ~ Sprecher, Redner
tall, -en, -ar Kiefer (Baum)
tallrik, -en, -ar Teller
tappa, -r, -de, -t verlieren; (*umg.*) oft übertragene Bedeutung: t. huvudet/lusten
tass, -en, -ar Pfote
tavla, -n, tavlor Tafel; Bild, Gemälde
te, teet, teer Tee
teater, -n, teatrar Theater
teaterbesök, -et, ~ Theaterbesuch
termin, -en, -er Semester, Halbjahr; Termin
test, -et/-en, ~/-er Test
testa, -r, -de, -t testen
testamente, -t, -n Testament, Vermächtnis
teve, -n, -ar (*auch:* tv) TV, Fernseher, Fernsehen
tid, -en, -er Zeit; Termin
tidig, tidigt zeitig, früh
tidning, -en, -ar Zeitung
tidskrift, -en, -er Zeitschrift
till (*Präp.*) bis, in, nach, um
tillbaka (*Adv.*) zurück
tillgång, -en, -ar Zugang, Anschluss
tillsammans (*Adv.*) zusammen
tillstånd, -et, ~ Genehmigung, Erlaubnis
tillåt|a, -er, tillät, -it erlauben
tillåten, tillåtet, tillåtna (*Adj.*) erlaubt, gestattet, zulässig
timme, -n, timmar Stunde
tisdag, -en, -ar Dienstag
(på) tisdagarna dienstags
titta, -r, -de, -t blicken, sehen, gucken
tjäna, -r, -de, -t verdienen
tjänst, -en, -er Dienst, Gefallen, Amt
tolk, -en, -ar Dolmetscher(in)
tom, -t, -ma (*Adj.*) leer
torg, -et, ~ Markt
torka (sig), -r, -de, -t (sich) (ab)trocknen
torn, -et, ~ Turm
torsdag, -en, -ar Donnerstag
traditionell, traditionellt traditionell
trafik, -en (*k.Pl.*) Verkehr
trafikkort, -et, ~ Führerschein
trafikljus, -et, ~ Verkehrsampel
trafikskola, -n, trafikskolor Fahrschule
tragisk, tragiskt tragisch, traurig
trappa, -n, trappor Treppe
trasig, trasigt kaputt, zerrissen
trava, -r, -de, -t traben
trevlig, trevligt gemütlich, nett, schön
trikå, -n, -er Trikot
trist, trist trist, langweilig
trivas, trivs, trivdes, trivts sich wohlfühlen, zurechtkommen
tro, -r, -dde, -tt glauben, meinen
trolig, troligt wahrscheinlich
trosa, -n, trosor (*meist im Pl.*) Slip, Schlüpfer
tryck, -et, ~ Druck
trådlös (*Adj.*) kabellos
tråkig, tråkigt langweilig, öde; bedauerlich
träd, -et, ~ Baum
trädgård, -en, -ar Garten
träffa, -r, -de, -t treffen
tröja, -n, tröjor Pullover
trött (*Adj.*) müde, abgespannt

trötta ut (ngn), -r, -de, -t (jmdn.) müde machen, anstrengen
tung, tungt schwer
tunnelbana, -n, tunnelbanor U-Bahn
turist, -en, -er Tourist
turistbyrå, -n, -er Touristeninformation
tusenfoting, -en, -ar Tausendfüßler
tusenårig, tusenårigt tausendjährig
tvinga, -r, -de, -t zwingen
tvivel, tvivlet, ~ Zweifel
två (*Krdz.*) zwei
(en) tvåa, tvåan, tvåor (eine) Zweizimmerwohnung
tvätta (sig), -r, -de, -t (sich) waschen
tvättmedel, tvättmedlet, ~ Waschmittel
tyck|a om (ngt), -er, -te, -t unbetontes om: denken über, halten von; betontes om: mögen, gern haben
tydlig, tydligt deutlich
typisk, typiskt typisch
tysk, tyskt deutsch
tysk, -en, -ar Deutscher
tyska, -n, tyskor Deutsche
Tyskland Deutschland
tyst, ~ leise, still, stumm
tyvärr (*Adv.*) leider
tåg, -et, ~ Zug
tång, -en, tänger Zange
tänk|a, -er, -te, -t denken
törstig, törstigt durstig

U

under (*Präp.*) unter, im, in
underbar, -t wunderbar, herrlich
undra, -r, -de, -t sich fragen, sich wundern
ung, ungt jung
ungdom, -en, -ar Jugend, Jugendliche(r)
ungefär (*Adv.*) ungefähr
universitet, -et, ~ Universität
uppe (*Adv.*) oben
uppehållstillstånd, -et, ~ Aufenthaltsgenehmigung
uppför (*Adv.*) herauf, hinauf, nach oben
uppföra (sig), -r, -de, -t (sich) benehmen, (sich) betragen
upplev|a, -er, -de, -t erleben
upplevelse, -n, -r Erlebnis
upprepa, -r, -de, -t wiederholen
uppsagd, uppsagt gekündigt
uppsats, -en, -er Aufsatz
ur (*Präp.*) aus
ut (*Präp.*) hinaus
utan (*Präp.*) ohne
utanför (*Adv./Präp.*) außerhalb
utbildning, -en, -ar Ausbildung
ute (*Adv.*) außen, draußen
utgång, -en, -ar Ausgang
utifrån (*Adv./Präp.*) von (dr)außen
utland, -et (*k.Pl.*) Ausland
utom (*Präp.*) außerhalb
utomlands (*Adv.*) ins Ausland, im Ausland
utsikt, -en, -er Aussicht
utställning, -en, -ar Ausstellung

V

vacker, vackert schön, hübsch
vad (*Pron.*) wie, was
vada, -r, -de, -t waten
vakna, -r, -de, -t aufwachen
val, -et, ~ Wahl
valborgsmässo|afton, -aftonen, -aftnar Walpurgisnacht
vandra, -r, -de, -t wandern
vandrarhem, -met, ~ Jugendherberge
vandring, -en, -ar Wanderung
vante, -n, -ar Handschuh
vapen, vapnet, ~ Waffe
var (*Adv.*) wo
var, vart (*Pron.*) jede/r/s
vara, är, var, varit sein
vara, -n, varor Ware

varandra (*Pron., auch:* varann) einander, gegenseitig
varannan, vartannat (*Pron.*) jede/r/s zweite
vardag, -en, -ar Werktag; Alltag
vardagsrum, -met, ~ Wohnzimmer
varför (*Adv.*) warum
variera, -r, -de, -t variieren
varifrån (*Adv.*) von wo, woher
varje (*Pron. unv.*) jede/r/s
varm, varmt warm
vart (*Adv.*) wohin
varuhus, -et, ~ Kaufhaus
vatten, vattnet, ~ Wasser
vecka, -n, veckor Woche
vem (*Pron., unv.*) wer, wen
vems (*Pron., unv.*) wessen
verkstad, -en, verkstäder Werkstatt
verktyg, -et, ~ Werkzeug
veta, vet, visste, vetat wissen
vid (*Präp.*) an, bei; gegen (*temp.*)
vid, vitt weit
viktig, viktigt wichtig
vilja, -n, viljor Wille
vilja, vill, ville, velat (*Hilfsverb*) wollen
vilken, vilket, vilka (*Pron.*) welche/r/s
villa, -n, villor Einfamilienhaus; Villa
vin, -et, -er Wein
vindstilla (*Adj. unv.*) windstill
vinn|a (på), -er, vann, vunnit gewinnen (bei)
vinter, -n, vintrar Winter
visa, -r, -de, -t zeigen
vit, vitt weiß
vittne, -t, -n Zeuge
vuxen, vuxet, vuxna (*Adj.*) erwachsen
vykort, -et, ~ Ansichts-, Postkarte
våg, -en, -ar Waage
våning, -en, -ar Wohnung; Stock(werk), Etage
vår, -en, -ar Frühling
väder, vädret, ~ Wetter; Witterung
väderrapport, -en, -er Wetterbericht
väg, -en, -ar Weg
väg|a, -er, -de, -t wiegen
vägg, -en, -ar Wand
välj|a, -er, valde, valt wählen
vän, -nen, -ner Freund
vänd|a, -er, -e, vänt wenden, drehen
väninna, -n, väninnor Freundin
vänster, *Pl.*: vänstra (*Adv.*) links
vänta, -r, -de, -t warten
värdshus, -et, ~ Gasthaus
värk, -en, -ar Schmerz
värld, -en, -ar Welt
värm|a, -er, -de, -t wärmen
värmeelement, -et, ~ Heizkörper
väx|a, -er, -te, -t wachsen
växla, -r, -de, -t wechseln
växt, -en, -er Pflanze, Gewächs

Y

yrke, -t, -n Beruf, Gewerbe, Handwerk
ytlig, ytligt oberflächlich

Z

zoologisk, zoologiskt zoologisch

Å

åk|a, -er, -te, -t fahren
år, -et, ~ Jahr
årligen (*Adv.*) jährlich
årstid, -en, -er Jahreszeit
åskmoln, -et, ~ Gewitterwolke
åsna, -n, åsnor Esel
åt (*Präp.*) in Richtung auf
åtminstone (*Adv.*) wenigstens

Ä

äg|a, -er, -de, -t besitzen
ägare, -n, ~ Besitzer
ägg, -et, ~ Ei
ägn|a, -r, -de, -t (sig åt ngt) (sich) beschäftigen (mit etw.), (sich etw.) widmen
ägnad (för ngt) geeignet (für etw.)
äkta (*Adj. unv.*) echt
äktenskap, -et, ~ Ehe
älg, -en, -ar Elch
ännu (*Adv.*) noch (immer)
äntligen (*Adv.*) endlich, schließlich
äpple, -t, -n Apfel
ät|a, -er, åt, -it essen
även (*Adv.*) auch, sogar, selbst
äventyr, -et, ~ Abenteuer

Ö

ö, ön, öar Insel
öga, -t, ögon Auge
ögonblicklig, ögonblickligt augenblicklich
ögonmått, -et, ~ Augenmaß
öl, -en/-et, ~ Bier
önska, -r, -de, -t wünschen
önskan (om) (*unv.*) Wunsch (nach)
önskning, -en, -ar Wunsch
öppen, öppet, öppna (*Adj.*) offen
öppen spis, den öppna spisen, öppna spisar Kamin
öppna, -r, -de, -t öffnen
öra, -t, öron Ohr
öre, -t, ~ Öre
örhänge, -t, -n Ohrring
över (*Präp.*) über
översätt|a, -er, översatte, översatt übersetzen
övning, -en, -ar Übung

Stichwortregister